**Gedanken und Anregungen zur
zunehmend digitalen Welt**

AUFTRETEN UND INTERAGIEREN IM VIRTUELLEN RAUM

Ein Kompass,
wie man erfolgreich in der virtuellen Welt
interagiert und sein kommunikatives
Image verbessert

Alessandro Rappazzo

Opinione 67

Oktober 2021

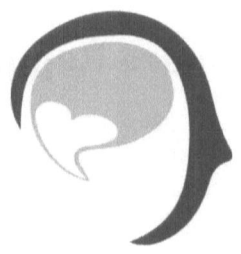

Jeder weiss, dass etwas unmöglich zu bewerkstelligen ist,
bis eine ahnungslose Person daherkommt,
die es nicht weiss
und es erfindet.

[Albert Einstein]

Und so kam ich.
Mein Name: Jahr 2020.
Ich kam und schockierte sie.
Ich habe sie gezwungen, neue Wege zu finden.

[Covid-19]

Inhalt

Vorwort

Wege entstehen, indem man sie geht. So hat sich der Autor dem virtuellen Raum gestellt. Er setzt sich kritisch mit seiner Präsentations- und Unterrichtsarbeit am Bildschirm auseinander und überlegt, wie man es besser machen kann. Dank seiner eigenen Erfahrungen gibt er auf unterhaltsame Art und Weise wieder, worauf es manchmal ankommt, um sein Publikum zu gewinnen. Wir erfahren, wie man mit einer störenden Katze umgeht und denken über unseren Umgang in Online-Präsentationen nach. Diese ganz persönliche Stimme leitet uns durch die verschiedenen Themen bis zum Datenschutz. Weitere Tipps und Tricks helfen auch dabei, unsere eigene Präsentationstechnik zu verbessern. Ein unterhaltsamer Beitrag für jeden, der nach Impulsen und Orientierung zum Thema sucht.

Chantal Weibel,
August 2021

Einführung

Wenn Sie vertrauenswürdig auftreten wollen, wenn Ihnen Ihre Arbeit und Ihre Wirkung auf andere wichtig sind und Sie deshalb ein höfliches, professionelles Verhalten an den Tag legen möchten, dann brauchen Sie nicht nur ein gutes Mikrofon und geeignete Werkzeuge für die virtuelle Kommunikation, um Ihren und den Erwartungen anderer gerecht zu werden, sondern auch grundlegende Kenntnisse über Verhaltensregeln.

Der Wettlauf um die Digitalisierung hat die Geschwindigkeit der Transformation in vielen Unternehmen erhöht. Firmen werden noch mehr tun müssen, um ihre Wettbewerbsfähigkeit zu sichern, zu verbessern und mit weiteren technologischen Entwicklungen mithalten zu können. Dieselben Unternehmen erwarten von ihren Mitarbeitern, dass sie auf diesen Zug aufspringen, um ihre technischen Fähigkeiten im Bereich der Fernkommunikation bzw. der Führung auf Distanz zu verbessern. Dies gilt für alle Berufsgruppen, vor allem aber für die schulische und akademische Welt.

Dieses Buch beurteilt nicht, was richtig oder falsch ist. Wie bei allen Dingen müssen die Vor- und Nachteile der einzelnen Lösungen abgewogen werden. Ich denke jedoch, dass die Technologie in einen physisch-virtuellen Mix integriert werden kann, der vom Einzelfall und Bedarf abhängt. Wenn der Mix stimmt, wird er neue, effizientere und effektivere Arbeitsweisen für die Zukunft eröffnen.

Das Buch ist in zwei Teile gegliedert. Im ersten Teil geht es darum, darüber nachzudenken, wie wir unsere Fähigkeiten im Umgang mit der virtuellen Welt sowohl als Referent als auch als Teilnehmer verbessern können. Nach einem kurzen, erklärenden Abschnitt über die Rolle der Technologie in der modernen Gesellschaft erörtere ich einige Themen wie Standort, Infrastruktur, Inhalt, Gestaltung des Events, Bekleidung, Verhaltenscodex und Interaktion. Es folgt das After-Meeting, das ich für wichtig halte, um die virtuelle Welt mit Sicherheit zu meistern.

Ich möchte betonen, dass die Überlegungen in diesem Buch keine Rezepte sind, die Ihnen bei der Umsetzung den Erfolg garantieren. Der Inhalt ist das Ergebnis meiner Erfahrung, meiner Reflexion.

Im ersten Teil wollen wir gemeinsam:
- Ihre Arbeitsumgebung kritisch überdenken
- Ihr Auftreten kritisch hinterfragen
- Ideen sammeln, wie man sich der Hörerschaft trotz der Distanz annähern kann.

Der zweite Teil des Buches hat einen rein reflektierenden Charakter, allerdings mit einigen Abschweifungen, um das Bewusstsein und Verständnis für die virtuelle Welt zu erhöhen. Es soll den Horizont erweitern, um die eigene fachliche Kompetenz und das eigene Verhalten zu reflektieren.

Im zweiten Teil versuche ich als Zielsetzung,
- ein positives kritisches Gefühl in Bezug auf die physische- bzw. virtuelle Welt und deren Mix bei Ihnen zu erzeugen
- und Sie gleichzeitig zu motivieren, neue Lösungen auszuprobieren.

Die persönliche Motivation ist der Schlüssel zum Erfolg. Sie stellt den Funken dar, der für das Entfachen des Feuers verantwortlich ist. Es ist mein ultimatives Ziel, dieses Feuer in Ihnen zu entfachen!

Teil 1
Ein Kompass

Die Einsamkeit unseres Raumes steht unter Beobachtung.

WIR BAUEN ERFAHRUNGEN AUF, UM UNSERE PRÄSENZ ZU VERBESSERN.

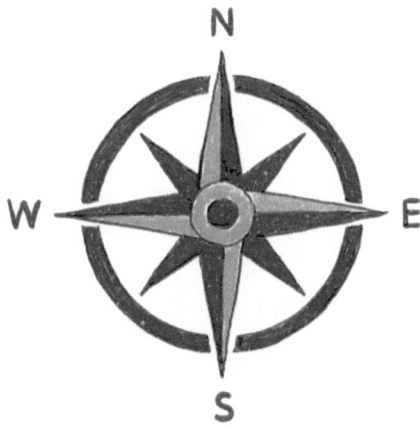

Der Funke meiner Motivation

Dieses Kapitel könnte auch «Umgang mit schlechten Erfahrungen» oder «Umgang mit Chancen» heissen, denn darum geht es. Seit Jahren bemühe ich mich, mit der Zeit zu gehen. Ich probiere gerne aus, bin neugierig und versuche, wo es möglich ist, mein Verhalten zu ändern, indem ich es den Bedürfnissen des Augenblicks anpasse. Durch die Pandemie und die daraus resultierende Notwendigkeit, sich aus der Komfortzone zu begeben, habe ich profitiert. Ich habe Erfahrungen gesammelt, die ich mit diesem Buch mit all jenen Menschen teilen möchte, die sich ebenfalls freiwillig oder unfreiwillig mit neuen Methoden und Techniken auseinandersetzen mussten.

Der wirkliche und echte Funke kommt jedoch aus meiner persönlichen und beruflichen Erfahrung, die ich hauptsächlich im Jahr 2020 gemacht habe. Ich habe viel aus erster Hand erlebt und mich auch in Situationen wiedergefunden, in denen ich mich nicht wohlfühlte. Es war nicht die Einsamkeit, die gelegentlich entsteht, wenn man vor einer Kamera und einem Mikrofon steht, sondern das Bewusstsein, meinen Erwartungen nicht gerecht zu werden. Ich wollte einfühlsam, präsent, einnehmend und nahe an meinem Publikum sein und war ihm dennoch sehr fern. Kurzum, ich habe sowohl positive als auch negative Situationen erlebt und damit meinen Erfahrungsschatz vergrössert. Also krempelte ich die Ärmel hoch, hörte mich im Netz um, recherchierte neue Methoden, besuchte mehrere Webinare und organisierte sogar einige davon, um Erfahrungen und mögliche Lösungen zu sammeln. Dies

17

nicht nur, um meine virtuelle Präsenz zu verbessern, sondern auch, um einen besseren Kontakt zu all den Menschen zu bekommen, die mich vor einem Computer sehen.

Es ist inzwischen allgemein bekannt, dass Bildung (in allen Bereichen unseres Lebens) ein kontinuierlicher Prozess ist. Um diese Realität des Lernens am besten zu erklären, greife ich auf das Gedankengut von Voenrad van Houten und sein Konzept des Lerndreiecks zurück.

Ein Aspekt des Lerndreiecks ist das obligatorische, schulische Lernen, das von einem Lehrer vermittelt wird und bei dem institutionell auferlegte Lernziele definiert sind. Ein Beispiel ist die Schulpflicht, welche uns ermöglicht, die Grundlagen zu bilden und zu festigen, die später als Brücke zu neuen kognitiven und lerntechnischen Herausforderungen dienen. Trotz der Bedeutung der Grundausbildung müssen wir erkennen, dass sie nur einen kleinen Teil des Lernprozesses, der ein Leben lang andauern soll, ausmachen. Der zweite Aspekt der Bildung ist durch unsere Erfahrungen, die unser Leben durchdringen und unsere Fähigkeiten erweitern oder aktualisieren, gekennzeichnet. Der dritte Aspekt bezieht sich auf die Fähigkeit des freiwilligen Lernens, die Entwicklung der Person, das Setzen freiwilliger Lernziele. Dies führt zu einer Selbstmotivation respektive dem Willen, neue Ziele zu erkunden, und insgesamt zu einer Erweiterung der persönlichen sowie gesellschaftlichen Erfahrungen. Dies ermöglicht uns, sich jeder Situation anzupassen. Diese Selbstmotivation ist die eigentliche Triebfeder für Veränderungen.

Ich möchte meine Erfahrungen in der Hoffnung, einen kleinen Beitrag zum Umgang im virtuellen Raum zu leisten, jedem zugänglich machen. Ein Thema, das hochaktuell ist. Die damit verbundenen Fähigkeiten werden in verschiedenen beruflichen und privaten Bereichen der Gesellschaft von morgen eine massgebliche Kompetenz darstellen.

Für mich war diese anomale Situation «positiv störend». Ich habe mich mit Enthusiasmus in die neue Welt gestürzt und viel dazugelernt, werde aber auch weiterhin viel dazulernen müssen.

Ich weise nochmals darauf hin, dass ich keine Rezepte zum schnellen Erfolg präsentiere. Es geht vielmehr darum, Ihnen einige mögliche Wege aufzuzeigen. Beim Lesen des Textes werden Sie auch direkte Aussagen finden, die meine Art des Seins und Denkens widerspiegeln. Es liegt an Ihnen, die verschiedenen Themen kritisch zu überdenken. Wie bereits erwähnt, ist es das ultimative Ziel, Sie zum Nachdenken anzuregen, wie Sie Ihr Verhalten in der virtuellen Welt regeln wollen.

Die Rolle der Technik beeinflusst unser Verhalten

Wenn wir an einer Konferenz, einem Vortrag, einem Meeting oder irgendeiner Interaktion teilnehmen, haben wir Erwartungen, egal ob wir Redner oder bloss Zuschauer sind. Es spielt auch keine Rolle, ob die Interaktion zwischen wenigen oder vielen Personen stattfindet. Jeder Anlass ist mit einer neuen Erfahrung verbunden.

Im Laufe der Zeit, der Jahre und der verschiedenen Epochen mussten wir uns an die neuen Gegebenheiten anpassen. Vor vierzig Jahren waren an die Wand projizierte Dias, Schwarz-Weiss-Filme und Farbbilder eine moderne Art, die gewünschte Botschaft zu vermitteln. Dann, mit dem Aufkommen der Computermedien, lernten wir das Programm Microsoft PowerPoint kennen. In zunehmendem und sogar disruptivem Tempo hat uns die Technologie immer leistungsfähigere und attraktivere Werkzeuge zur Verfügung gestellt. Bis zum heutigen Tag unterstützen diese Tools die Präsentationstechnik.

Eines der ersten Bücher zu dieser Thematik in meinen Händen war das *Lehrbuch Vortragstechnik*[1] meines Professors und Direktors der Militärakademie, Rudolf Steiger. Dieses Buch hatte den Vorzug, all die verschiedenen Werkzeuge in eine Reihenfolge zu bringen. Die Lektüre erhöhte mein Gefühl der Sicherheit. Bis zum heutigen Tag unterstützen diese Werkzeuge meine Präsentationstechnik.

Wir alle, unabhängig von unserem beruflichen Hintergrund, waren Teilnehmer, Studenten und manchmal sogar Referenten. Wir haben sicherlich schon alles gesehen. Manchmal mussten wir den peinlichen Mangel an Wissen über die verfügbaren Tools feststellen. Ein anderes Mal wurden wir mit langweiligen und endlosen Vorträgen oder Momenten purer Monotonie, schlecht strukturierter Präsentationen und sogar Rednern, die nicht in der Lage waren, das Publikum zu fesseln, konfrontiert. Man könnte zum Beispiel denken, dass ein Finanzbericht an und für sich langweilig und eine Präsentation über eine mögliche Strategie viel spannender sei. Sicher ist es nicht.

Ich glaube, dass das Thema völlig irrelevant ist. Ein Beispiel: Wissen Sie, wie ein Komet riecht? Nein? Nach faulen Eiern! Diese Aussage hörte ich während einer Reportage über die Rosetta-Sonde und ihre Reise zum Kometen Tschurjumow-Gerassimenko. Die Sprecherin war die Projektleiterin und trug über einen Doktortitel. Mit einer einfachen und effektiven Assoziation schaffte sie es, dass die

---

[1] Steiger Rudolf. Lehrbuch der Vortragstechnik. Huber, 1994. ISBN 3-7193-0764-6.

Zuhörer auch nach mehreren Jahren konkrete Erinnerungen an den Inhalt der Veranstaltungen aufwiesen. Der Unterschied liegt in der Technik und der Herangehensweise, die wir verwenden und wie wir uns auf das Thema und die Teilnehmer einlassen.

Das Jahr 2020 hat aufgrund der durch COVID 19 ausgelösten Pandemie die Bedeutung der Präsentation auf Distanz weiter verstärkt. Das Wissen wird übertragen; es ist nicht mehr vor Ort und auf einen physischen Raum wie z.B. ein Universitätsklassenzimmer beschränkt. Es wurde in den Äther verlagert, wo der Redner allein vor einem Computer sitzt und die Teilnehmer mitunter in verschiedenen Teilen der Welt verstreut sind. Neben der Herausforderung der effektiven Verwaltung der Tools und der Fähigkeit, mit dem Publikum zu interagieren, gibt es auch das Problem, die nicht-physische Natur der Veranstaltung und den Einsatz neuer und leistungsstarker Videokommunikationsplattformen zu bewältigen.

Von einem Tag auf den anderen, ohne Vorwarnung und unter dem Druck der Dringlichkeit wurden Politiker, Manager und vor allem die Mehrheit der im Bereich der Lehre und Ausbildung Tätigen mit der Notwendigkeit konfrontiert, Wissen nicht mehr in der einschläfernden Körperlichkeit der Theoriesäle und Klassenräume, sondern in virtuellen Räumen vermitteln zu müssen. Die Technologie war bereits vorhanden, aber nur wenige Menschen nutzten sie.

Wir wissen sehr gut, dass der Mensch aufgrund seiner Besonderheit, ein Mensch zu sein, es schwierig findet, seine Methode, seine Technik zu ändern. Es ist der Zustand der

Notwendigkeit, welcher den Menschen dazu treibt, neue Lösungen zu suchen und zu finden. Danke 2020! (Ich bin ironisch, ich weiss).

Wir haben jedoch erkannt, dass die blosse Übertragung von Inhalten vom Physischen ins Virtuelle nicht einfach zu realisieren ist. Es geht darum, unsere persönliche Arbeitstechnik an die neuen Anforderungen anzupassen.

Wahrscheinlich wurden wir im Laufe des Jahres 2020 aus erster Hand (auf die Situation) aufmerksam, entweder durch die Teilnahme an Treffen, Konferenzen, Vorträgen oder als Organisatoren von Treffen, Konferenzen und Unterrichtssequenzen.

Auf der positiven Seite hat uns die Notwendigkeit der Gesundheitskrise dazu gezwungen, neue Horizonte zu erkunden. Viele von uns haben, getrieben durch den Zustand der Notwendigkeit, ihre analoge Methode erfolgreich an die digitale angepasst, dabei ein gutes Mass an Belastbarkeit gezeigt und sogar ein höheres Niveau erreicht: Wir sprechen dabei von Anti-Fragilität. Sicherlich, vielleicht auch leider, kann nicht jeder als Gewinner in diesem Sinne bezeichnet werden.

Ich habe Vorträge erlebt, bei denen der Vortragende mehr mit der Handhabung der Technik als mit der Qualität des Inhalts beschäftigt war; andere, bei denen der Vortragende nur teilweise von seiner Kamera eingerahmt war, was einen lustigen Effekt erzeugte; wieder andere, die eine Folie nach der anderen abspulten.

Was Besprechungen angeht, so habe ich Situationen erlebt, in denen sich die Gesprächspartner immer wieder unterbrochen haben und in denen der Ton unglaublich störend war. Es stimmt auch, dass ich aus der Ferne grossartige Sitzungen miterlebt habe, bei denen ich trotz der physischen Entfernung den Eindruck hatte, nahe dabei und Teil von etwas Grösserem zu sein.

Ohne den Anspruch auf Vollständigkeit zu erheben, lade ich Sie ein, als Referent oder Teilnehmer über folgende Themen nachzudenken:

1. Standort

2. Infrastruktur

3. Inhalt

4. Gestaltung des Events

5. Bekleidung

6. Verhaltenscodex

7. Interaktion

8. After-Meeting

Aber bevor wir beginnen, noch eine letzte Sache: Während der kurzen Lektüre finden Sie ein Symbol, das «aus der Praxis» bedeutet, d.h., Ihnen einige praktische oder vertiefende Beispiele aufzeigt.

Viel Spass beim Lesen!

Spielerisches Lernen

- Es dauert nur ein paar Minuten, um ein Lernspiel oder Quiz zu einem beliebigen Thema in einer beliebigen Sprache zu erstellen (www.kahoot.com).

Persönliche Vorstellung

- Egal, ob Sie sich beruflich oder privat präsentieren, Ihre Mitarbeiter, Interessengruppen oder Ihr Team informieren möchten, Sie können im Handumdrehen eine einfache und effektive Präsentation über sich vorbereiten (www.mysimpleshow.com/de/).
- Sie sollten darauf vorbereitet sein, sich nur mit Ihrer Stimme vorzustellen. Überlegen Sie, was sie genau über sich sagen wollen, und studieren Sie es ein. Sich selbst vorzustellen ist eine der Aktivitäten, die wir regelmässig tun (sollten).

Live-Fragen

- Wenn Sie Zoom verwenden (sicherlich auch mit anderen Plattformen möglich), können Sie Fragen an das Auditorium richten und die Ergebnisse umgehend präsentieren.
- Die verschiedenen Videokommunikationsplattformen sind auch für die Nutzung mit Smartphones und Tablets geeignet.
- Sie können jedoch beispielsweise auch Sli.do verwenden (www.sli.do). Slido ist eine einfach zu bedienende Q&A- und Umfrage-App, die Ihre

27

stillen Zuhörer in engagierte Teilnehmer verwandelt (Quelle: slido).

Teilen zum Ansprechen und Einbeziehen

- Microsoft-Produkte (Power-Point[2], Word) ermöglichen die gemeinsame Nutzung von Dokumenten, und zwar gleichzeitig und live. Mit der Powerpoint-Freigabe können Sie beispielsweise jeder Gruppe die Möglichkeit geben, an einem vordefinierten Punkt mit der Arbeit zu beginnen, wobei die Gruppen gegenseitig ihre Arbeit mitverfolgen können.
- Hier finden Sie eine andere, sehr interessante Anwendung: www.padlet.com. Es ist eine Web-Anwendung, mit der Sie verschiedene Technologien in den Unterricht einbringen können und eignet sich sowohl für integriertes Lernen als auch für Gruppenarbeiten. Es handelt sich um einen gemeinsam genutzten und kollaborativen Online-Raum, in dem Sie Multimedia-Elemente (Texte, Bilder usw.) einfügen, mit anderen Personen interagieren, im Cloud-Modus von jedem Gerät aus arbeiten und jede kommunikative Aktivität ausführen können.

---

[2] Power Point Freigabe über Zoom: https://sshuebner.org/come-condividere-una-presentazione-di-powerpoint-su-zoom/

Der Standort

Der Standort ist entscheidend. Zuallererst muss er leise sein und eine gute Akustik aufweisen. Im Falle eines hybriden Settings, wenn einige Teilnehmer physisch anwesend und andere aus der Ferne zugeschaltet sind, müssen Sie sicherstellen, dass alle miteinander interagieren können und Sie die verschiedenen Ebenen (die Anwesenden und die Entfernten) steuern können. Achten Sie auf die Akustik. Sie müssen Hintergrundgeräusche und die Klangqualität berücksichtigen. (Vermeiden Sie metallische Klänge).

Die Akustik ist bedeutsam! Orte, an denen es Echos oder Rückkopplungen gibt, erschweren die Arbeit eines jeden Mikrofontyps.

Es ist auch wichtig, dass der Teilnehmer einen bequemen Platz abseits von Aussengeräuschen findet. Versuchen Sie, es sich bequem zu machen. Schon die blosse Anwesenheit meiner Katze reichte manchmal aus, um meine Leistung zu stören. Die Katze lief stolz auf meiner Tastatur herum und schaute interessiert in die Kamera, was die Teilnehmer abgelenkt hat. Auch Lebenspartner und Kinder könnten Sie benötigen und unvermittelt in Ihre Welt einbrechen. Eine Putzkraft kann in ihrem ganz persönlichen Krieg gegen den Staub in Ihren Raum eintreten und somit Ihre Ruhe unter Druck setzen. Es gibt so viele Beispiele. Angesichts solcher Störungen müssen wir lernen, entspannt zu reagieren und Eindringlinge höflich hinauszubitten.

«Aus der Ferne führen. Für viele, aber nicht für alle!»

Die Infrastruktur

Es gibt mehrere sehr gute Video- und Lernplattformen auf dem Markt. Ich persönlich bevorzuge solche, die mehr Interaktion mit dem Publikum ermöglichen. Selbstverständlich sind auch Null-Kosten-Abonnemente möglich. Aufgrund der geringeren Anzahl an Optionen sind diese aber oft weniger zielführend. Ich rate, verschiedene Plattformen auszuprobieren, um schliesslich eine zu wählen, die Ihren Bedürfnissen entspricht. Ein gutes Mikrofon und, wie bereits erwähnt, eine Umgebung ohne Echos und frei von Geräuschen sind unerlässlich. Gute, kabellose Kopfhörer ermöglichen es dem Sprecher, sich ungehindert an verschiedenen Stellen des ihm zugewiesenen Raums zu positionieren. Und vergessen Sie nicht, die Batterien aufzuladen.

Was die Kamera betrifft, so ist es sinnvoll, zusätzlich zur wahrscheinlich bereits im Computer eingebauten, eine zweite Kamera zu besitzen (mit einer KI[3]-Funktion, die Ihnen folgen kann und eine Zoomfunktion hat). Mit den beiden Kameras ist es möglich, die Interaktion zu erhöhen, wobei die erste für Standardpräsentationen verwendet wird, während mit der zweiten die Perspektive des Sprechers verändert oder eine Tafel, ein Plakat, ein Objekt usw. eingeblendet werden kann. Sie können jedoch noch weitergehen, z.B. mit einem alten Telefon und einem Stativ, welches Sie als Projektor verwenden können. Damit zeigen Sie ein Objekt, ein Buch, eine Seite usw. so, wie Sie es auch in einem Klassenzimmer tun würden. Es ist auch ratsam, zwei Bildschirme zu benutzen; der eine dient als Cockpit, wo Sie alle Hauptfunktionen verwalten (Host), der andere, bei dem Sie sich mit einem zweiten Konto anmelden, zeigt Ihnen die Perspektive der Teilnehmer.

Mit einem höhenverstellbaren Schreibtisch können Sie sich verschiedene Präsentationstechniken gönnen (sitzend, stehend, vor einem Flipchart usw.) Auch der Hintergrund ist wichtig. Wählen Sie einen

---

[3] KI: künstliche Intelligenz.

neutralen Hintergrund, beispiels-weise in einer einzigen Farbe. Virtu-elle Hintergründe sind zu vermeiden, da sie kein professionelles Bild ver-mitteln. Sie können sie nutzen, wenn gute Voraussetzungen für einen stabilen Hintergrund vorhanden sind. Hier sind einige Hinweise für eine bessere Nutzung:

Bei einem weissen Hintergrund müs-sen Sie auf eine sehr weiche Beleuch-tung achten, da sonst ein Blendeffekt erzeugt wird. Sie können auch einen grünen bzw. blauen Hintergrund ver-wenden.[4]
Mit diesen Farbtönen können Sie eine breitere Palette an Farben für Ihre Kleidung nutzen. Ein grüner Farbton passt zum Beispiel oft gut zur Körperfarbe. Lassen Sie nicht zu, dass Ihr Hintergrund, z.B. ein unor-dentliches Zimmer, Sie unpassend darstellt. Welche Hintergründe bes-ser oder schlechter zur Hautfarbe passen, kann man nicht generell be-antworten. Gerade ein blauer Hinter-grund kann Menschen sehr blass oder rot wirken lassen, weil der Gelbanteil tief ist. Ruhige Hintergründe lenken

---

[4] https://www.filmproduktion-werbefilm.de/wie-funktioniert-ein-greenscreen/

weniger vom Sprecher ab; das ist korrekt.

Ein weiterer Aspekt, auf den Sie achten sollten, ist das Licht. Prüfen Sie den Licht- und Schatteneffekt. Eine gute Positionierung des Lichts erhöht die Professionalität Ihrer Darbietungen. Vor jedem grossen Ereignis und in regelmässigen Abständen ist es ratsam, die Software zu aktualisieren.

Auch für den Teilnehmer ist es wichtig, einen bequemen Platz abseits von Aussengeräuschen zu finden. Erinnern Sie sich an meine Katze? Nun, Katze, Freund, Mama, Papa oder was auch immer, für Sie gilt dasselbe: Man sollte sie liebevoll hinausbitten.

Ein guter Computer muss nicht unbedingt das neueste oder teuerste Modell sein. Der Teilnehmer wird besonders darauf achten, ein Gerät zu haben, das Geräusche auf ein Minimum reduzieren kann (z.B. den Ventilator); er wird bequeme Kopfhörer mit einem guten Mikrofon verwenden, alles überwachen, was seine Kamera auf Sendung schickt und auf das Licht achten. Zum Beispiel kann eine Kamera, die auf ein Fenster mit direkter Sonneneinstrahlung gerichtet ist, ein schlechtes Bild erzeugen.

Zur Wiederholung: Verwenden Sie besser einen neutralen Hintergrund, zum Beispiel weiss (weisse Wand). Aktualisieren Sie die Software regelmässig! Ihre Kamera schaut nicht nur auf Sie, sondern auch auf Ihre Umgebung. Ein unordentlicher Raum ist vielleicht nicht die beste Wahl.

«Auch vor der Kamera sind
Sie nicht alleine.
Um erfolgreich zu sein,
müssen Sie Geschichten
erzählen. Echte Geschichten.
Geschichten, die begeistern.
Geschichten,
welche die Seele wärmen!»

Der Inhalt

Ein Zeitplan ist grundlegend. Aus eigener Erfahrung kann ich sagen, dass ein normaler Unterricht im Klassenzimmer nicht dasselbe ist wie ein Online-Unterricht. Planen Sie Blöcke von 20-30 Minuten, gefolgt von kurzen Pausen von 5-10 Minuten.

Auf Distanz scheint alles langsamer und länger zu dauern! Auch Ihr Unterricht muss angepasst werden. Das Fehlen der Fähigkeit, sich auszudrücken (Gesten), zu visualisieren (Tafel), sollte Sie zum Nachdenken bringen. Wie kann ich die Botschaft in einer virtuellen Umgebung vermitteln?

Wenn möglich, nehmen Sie die Lektion auf! Wie Sie das Aufnehmen am besten angehen, erfahren Sie auf Seite 58.

Vertrauen Sie darauf, dass Ihr Redner Ihre Erwartungen erfüllen kann und er nach etwa 20-30 Minuten eine kurze Pause einlegt. Stehen Sie in den Pausen auf und atmen Sie frische, gesunde Luft ein. Vergessen Sie nicht, ausreichend zu trinken.

Und was passiert, wenn der Redner keine Pause einlegt? Vertrauen hilft dann auch nicht weiter. Hier ist Geduld gefragt. Und wenn es Sie wirklich stört, heben Sie die Hand oder stellen Sie eine Frage per Chat.

Bereiten Sie Ihre Unterlagen vor der Vorlesung vor, damit Sie Ihre Notizen effizient aufschreiben können. Sowohl als Referent als auch als Teilnehmer nutze ich Noteshelf, um meine Ideen, Notizen usw. aufzuschreiben.

Ausserdem kann ich Fragen an den Referenten oder Lehrer notieren. Dies wird Ihnen auch helfen, die verschiedenen Notizen, die Sie während der Vorlesung oder Konferenz geschrieben haben, zu überarbeiten.

Die Gestaltung des Events

Zuallererst - auch wenn es offensichtlich sein mag - würde ich einen sehr detaillierten Unterrichtsplan erstellen. Unterschätzen Sie die Regiezeit nicht!

Es ist ratsam, den Teilnehmern eine Einladung, in der Sie die wichtigsten Informationen wie Datum und Uhrzeit festhalten, zu schicken. Da es unterschiedliche Uhrzeiten gibt, wird empfohlen, die Zeitangabe in CEST-Time, Thema, Inhalt der Stunde oder des Vortrags sowie Verhaltensregeln zu kommunizieren.

Ich denke, es ist auch wichtig die Teilnehmer zu informieren, sollten vor oder nach der Präsentation die verwendeten Materialien den Teilnehmern zur Verfügung gestellt werden. Es ist nicht ungewöhnlich, dass viele Leute zu Beginn des Meetings danach fragen.

Wenn Ihre Plattform es zulässt, können Sie die notwendige Dokumentation online stellen. Verhaltensregeln schaffen nicht nur Transparenz, sondern sparen Ihnen auch wertvolle Zeit. Dabei müssen Sie zu Beginn der Konferenz Ihre Zuhörer nur noch auf die bereits in der Einladung kommunizierten Regeln aufmerksam machen und gewinnen so wertvolle Minuten, die Sie mit dem Inhalt und nicht mit der Form verbringen.

Organisieren Sie, soweit möglich, auch das «Vorzimmer», also den virtuellen Raum vor dem Betreten des Auditoriums. In diesem Fall können die Personen, welche die Präsentation verfolgen werden, z.B. eine Begrüssungsnachricht lesen, verschiedene Folien oder Flyer der Vorpräsentation sowie verschiedene Informationen des Veranstalters sehen (vielleicht mit etwas Hintergrundmusik).[5]

Mit dieser Anordnung haben Sie genügend Zeit, unbemerkt die notwendigen Kontrollen durchzuführen.

---

[5] Tipp: In den Eigenschaften der Software können Sie Ihr Vorzimmer bearbeiten und es mit Informationen versehen, die dem Zweck der Konferenz besser entsprechen. Sie können auch ein Logo hinzufügen.

41

Es wäre unprofessionell, wenn die Teilnehmer die letzten vorbereitenden Aktivitäten hören oder sehen würden. Dies könnte zwar interessant sein, jedoch nur von einem burlesken Standpunkt aus betrachtet.[6]

Öffnen Sie zum festgelegten Zeitpunkt die virtuellen Türen für die Teilnehmer und begrüssen Sie diese im Auditorium. Wenn es sich um einen wichtigen Anlass handelt und die Ressourcen es zulassen, könnte einer Ihrer Mitarbeiter die «Sicht des Teilnehmers» überprüfen und sich um die verschiedenen Fragen kümmern (z.B. Chat-Fragen oder kleinere technische Probleme beim Verbinden und Einsteigen in die Konferenz).

Als Redner ist man manchmal vom Inhalt gefangen. Es ist nicht immer einfach, Fragen, Versprecher oder einfach nur Abweichungen vom Thema zu bemerken. Ich rate, einen Chat-Dienst auf einem separaten Bildschirm einzurichten (z.B. WhatsApp, Telegram, Threema oder Signal). Auf diese Weise kann Ihr Kollege, Freund oder Mitarbeiter Sie per Chat kontaktieren und Sie auf

---

[6] Spöttisch, aber nicht bösartig.

dieses oder jenes aufmerksam machen. So kann im Bedarfsfall geholfen und mögliche unnötige Drifts können vermieden werden. Eine andere Möglichkeit ist, sich mit einem zweiten «Nickname» als Dozent anzumelden und so auch die Teilnehmerperspektive einnehmen zu können.

Tragen Sie als Teilnehmer die Einladung, das Datum und die Uhrzeit der Veranstaltung - was auch immer es ist - unverzüglich in Ihren Terminkalender ein. Überprüfen Sie regelmässig den Status der Hard- und Software. Bereiten Sie sich darauf vor, die Präsentation zu verfolgen, indem Sie z.B. die erforderlichen Unterlagen herunterladen oder ausdrucken.

Ich habe es mir zur Gewohnheit gemacht, die Dokumentation auf mein iPad zu laden, welches ich dann als Dokument verwende, um meine persönlichen Notizen hinzuzufügen. Schalten Sie Ihre elektronischen Geräte rechtzeitig aus oder stumm, bereiten Sie sich mental auf die Veranstaltung vor und melden Sie sich zur gewünschten Zeit an.

Schlagen Sie während der Vorbereitungsphase eventuelle Verhaltensregeln nach und fragen Sie im Zweifelsfall den Veranstalter. Normalerweise können Sie die Kursunterlagen von Anfang an oder spätestens am Ende der Konferenz nutzen. Mein Rat an Sie ist, sich vorher diesbezüglich zu vergewissern.

On Air – do not disturb!

Die Situation ist einfach: Sie befinden sich in Ihrem Büro und bereiten sich auf die Teilnahme oder Leitung einer Konferenz vor. Dann hören Sie ein Geräusch, das Sie ablenkt. Aber nicht nur das, es stört Sie. Vielleicht haben Sie Erfolg, wenn Sie den Eindringling wissen lassen, dass Sie «auf Sendung» sind. Oder Sie finden sich peinlich berührt.

Mit einem kleinen Trick können Sie einem erwachsenen Eindringling deutlich mitteilen, dass Sie beschäftigt sind und nicht gestört werden möchten. Eine schöne Hinweistafel (digital oder analog) mit der Aufschrift «ON AIR - bitte nicht stören» kann Ihnen das Leben erleichtern.

Es wird nützlich sein, Ihr Telefon auf «stumm» zu stellen oder es auszuschalten! Stellen Sie sicher, dass Sie Ihre Unternehmensagenda unter Kontrolle haben (Push-Nachrichten blockieren).

Die Kleidung

Auch wenn wir auf Distanz sind, versuchen wir, unangenehme Dinge zu vermeiden. Egal, wie trivial diese Dinge sind. Kleiden Sie sich so, wie Sie sich für die Arbeit kleiden würden oder wählen Sie zumindest Kleidung, die Ihrer Position und Rolle angemessen ist.

Es gibt einen weiteren Grund, warum es ratsam ist, Kleidung zu tragen, die Sie auch bei der Arbeit anziehen würden. Allein die Tatsache, dass Sie sich so kleiden, wie Sie es gewöhnlich tun, prädisponiert Sie geistig für Ihre Funktion. In diesem Fall - und das muss gesagt werden - ist das Sprichwort «Kleider machen Leute» wirklich angebracht. Es gibt jedoch eine Einschränkung: Manche Kleidungsstücke eignen sich schlecht für den Einsatz vor einer Kamera.

Wenn es das Ziel des Auftretens ist, sich zu engagieren oder einen guten Eindruck zu hinterlassen, kann Ihnen die Wahl der Garderobe dabei helfen.

Zu vermeiden ist Kleidung mit Quadraten, Streifen und Darstellungen überbordender Fantasie. Kariert, gestreift und ausgefallen halluziniert, könnte störende Videoeffekte erzeugen. Wählen Sie lieber Unifarben.

Die Kleidung sollte in einer Farbe sein, die mit derjenigen des Hintergrunds kontrastiert. Auf diese Weise hebt sich die Person vom Hintergrund ab.

Auch wenn Sie zuhause sind, ist das Auftauchen im Schlafanzug oder in einer unordentlichen Umgebung sicherlich kein Zeichen von Respekt gegenüber den anderen Teilnehmern (Etikette). Sie haben die Wahl! Dies gilt sowohl für Veranstalter als auch für Teilnehmer.

Der Verhaltenscodex

Wenn eine Konferenz oder ein Vortrag z.B. um 08:00 Uhr beginnt, ist es gut und höflich, mindestens 5 Minuten früher zu erscheinen. Für Besprechungen empfehle ich, dass Sie vor Beginn die Anwesenheit der Teilnehmer überprüfen. Vor dem Start der Veranstaltung ist es auch ratsam, Ihren Ton ein- und auszuschalten. Vergessen Sie die Kameras nicht (ein/aus). Möglicherweise haben Sie die Verhaltensregeln bereits in der Einladung zur Veranstaltung kommuniziert. Es ist jedoch ratsam, diese Verhaltensregeln noch einmal am Beginn der Veranstaltung zu wiederholen. Für den Sprecher ist es wichtig, dass die Videokamera bei jeder Rede eingeschaltet ist. Indem Sie in den Eigenschaften der jeweiligen Videokonferenzsoftware ein (professionelles) Bild von Ihnen einfügen, schenken Sie ihrem Profil Wärme. Dies ist ein Detail, das ich für wichtig halte.

Es ist ausserdem höflich und elegant, wenn die Teilnehmer mindestens fünf Minuten vor Veranstaltungsbeginn anwesend sind, nachdem sie vorher alle Funktionen überprüft haben. Es ist möglich, dass sie vor dem Betreten des Auditoriums in einem Warteraum festgehalten werden, bis der Manager die Türen virtuell öffnet. Auch hier ist ein professionelles Bild Ihres Profils ein Muss. Wenn Sie eingreifen, ist es auch eine gute Idee, die Videokamera zu aktivieren und Ihr Gesicht zu zeigen. Dieser kleine Trick hilft, die Kälte des virtuellen Ereignisses zu verringern. Schalten Sie am Ende der Intervention zunächst das Mikrofon und/oder die Videokamera aus. Wenn Sie auf eine Antwort des Sprechers warten, ist es gut und höflich, die Kamera eingeschaltet zu lassen.

Die Interaktion

Es gibt nichts Schlimmeres, als einen Vortrag oder eine Konferenz zu beginnen, indem man auf einer monotonen Linearität beharrt. Natürlich ist die Kamera online und Sie haben bereits alles getan, was Sie tun müssen, um sich professionell zu präsentieren. Jetzt ist es an der Zeit, mit der Technik zu spielen: Sie können die Position mithilfe der verfügbaren Kameras oder Ihres Tonfalls ändern, das Publikum aktivieren (um Feedback bitten) oder - je nach Typ - einen Teilnehmer direkt auffordern, eine Frage zu beantworten oder eine Position zu vertreten.

Die Aktivierung des Publikums erfordert das Beherrschen der verfügbaren Technologie. So können Sie vom Sitzen zum Stehen, zu Power-Point oder zu Videosequenzen wechseln oder mit einem iPad ein Konzept «live» entwickeln oder Fragen stellen. Die Teilnehmer können mit wenigen Klicks antworten und dann das Gesamtergebnis sehen.

50

Eine weitere Möglichkeit ist die Verwendung verschiedener Plattformen für ein Quiz.[7] Es geht darum, den Event zu managen und verschiedene Techniken auszuprobieren. Das Ziel ist es, den Abstand zum Zuhörer so weit wie möglich zu verringern. Aber wenn Sie sich wirklich nah fühlen wollen, schauen Sie in die Kamera, wie Sie Ihr Publikum anschauen würden, nämlich direkt in die Augen.

 Wenn Sie sprechen, schalten Sie natürlich Ihre Kamera ein. Wenn Sie eine Frage haben oder einen Kommentar abgeben möchten, melden Sie sich. Sie können dies über den Chat oder über die verschiedenen verfügbaren Schaltflächen tun. Sagen Sie gegebenenfalls, wer Sie sind, und stellen Sie sich vor. Bei Fragen sollten Sie sich kurz fassen und in einem klaren, starken und selbstbewussten Tonfall sprechen. Wenn Sie in die Kamera schauen, ist das so, als ob Sie versuchen würden, Augenkontakt mit Ihrem Gesprächspartner herzustellen.

---

[7] https://www.kahoot.com (ein kostenloses Konto ist ausreichend), Sli.do oder über die Zoom-Plattform (um nur ein paar Beispiele zu nennen).

Bevor ich weitermache, möchte ich Sie dazu bringen, über die Rolle der verbalen, paraverbalen und nonverbalen Kommunikation nachzudenken. Selbst in einem virtualen Kontext können uns diese Aspekte helfen, unsere Präsenz zu verbessern.

Kurz gesagt, ist verbale Kommunikation diejenige, die durch Worte stattfindet, die mündlich oder schriftlich ausgegeben werden. Paraverbale Kommunikation ist die Phase, in der wir unserer Botschaft durch die Lautstärke und die Intensität, die Art des Tonfalls und ihren Rhythmus eine Deklination geben. Lassen Sie uns diesen kurzen Überblick mit der nonverbalen Kommunikation beenden, die durch Mimik und Körperhaltung erfolgt. Sie werden verstehen, dass diese Aspekte nicht auf die leichte Schulter zu nehmen sind.

Die Kommunikation ist Ihr
Tor, Ihr Körper, Ihre Mimik,
Ihre Stimme.
Sie repräsentiert die Wärme
Ihrer Botschaft, Während
Ihr Intellekt die Botschaft
repräsentiert, verschlüsselt
und vermittelt.

Big Brother schaut zu!

Selbst wenn Sie allein sind, beobachtet Sie Ihr Gegenüber und beurteilt Sie. Hiervon hängt Ihr Erfolg oder Misserfolg ab.

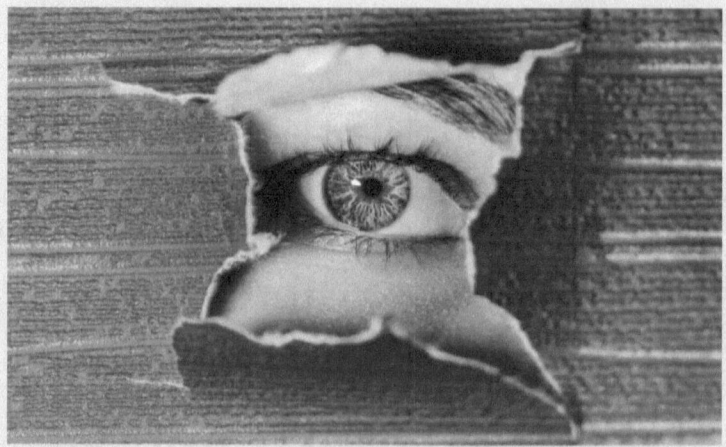

Sie treffen letzte Vorbereitungen für die Konferenz. Es herrscht verständlicher Weise eine gewisse Aufregung. Die Leute rennen nach links und rechts, aber die Kamera ist bereits online. Sofern Sie nicht ausdrücklich den «Blick hinter die Kulissen» zeigen wollen, sollten Sie diesen Ansatz vermeiden.

Big Brother hört zu!

Wenn wir physisch anwesend sind, passt sich unser Verhalten unbewusst an die Erwartungen an. In einem Büro oder in einem Raum fühlen wir uns unbewusst frei und vergessen manchmal, dass wir nicht allein sind. (Big Brother hört zu!)

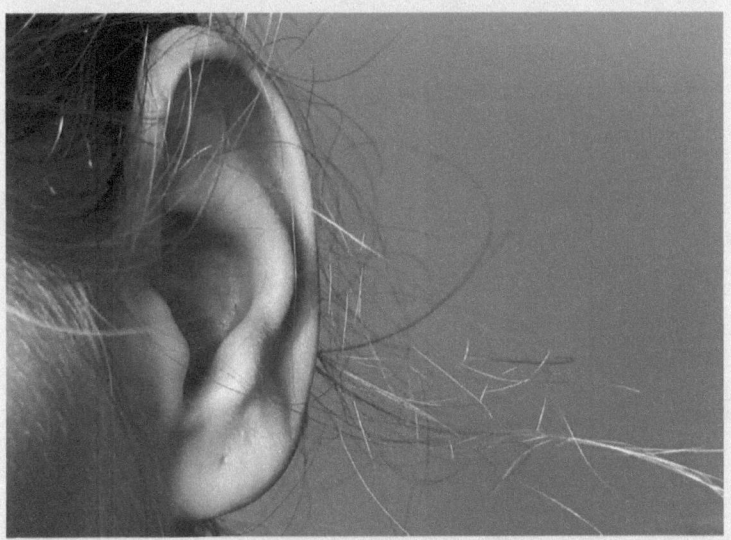

Und dann gibt Ihr Audiogerät irgendwann seltsame Geräusche von sich: ein Rülpsen oder Blähungen. Oder Sie hören während eines Meetings Schnauben und Kommentare, die nicht ganz zu den Umständen passen. Peinlich. Schrecklich peinlich.

Daher ist es ratsam, einige Vorsichtsmassnahmen zu treffen. Zusätzlich zum Ausschalten des Mikrofons[8] können Sie als Gastgeber den Status selbst überprüfen und eventuell die eingeschalteten Mikrofone aus-schalten. Wenn Sie undiszipliniert sind - oder der Bequemlichkeit halber -, können Sie sich mit einem Mikrofon ausstatten, mit dem Sie sehen können, wann das Gerät online ist (LED leuchtet) oder ob es mechanischen Druck benötigt, um zu kommunizieren (Ein/Aus-Taste drücken).

---

[8] Hier sind einige Beispiele (nicht abschliessend).: https://www.amazon.it/XIAOKOA-Microfono-Compatibile-Registrazione-Conferenza/dp/B08F2GDT28. Oder: https://urly.it/39dc3(Stand 18.12.2020).

«Fragen Sie nicht, was Ihr Arbeitgeber für Sie tun kann. Fragen Sie, was Sie für Ihren Arbeitgeber tun können.»[9]

---

[9] Das Zitat bezieht sich auf den Gedanken von John Fitzgerald Kennedy: «Frage nicht, was das Land für dich tun kann. Frage, was du für das Land tun kannst.» Mit meiner Umschreibung möchte ich deutlich machen, dass wir auch mitverantwortlich dafür sind, auf dem Laufenden zu bleiben. Das bedeutet, dass wir den Erwartungen gerecht werden und uns die Zeit nehmen, unsere Aufgaben nach bestem Wissen und Gewissen zu erfüllen.

Der Kompromiss

Um Probleme mit dem Datenschutz zu vermeiden, ist es ratsam, vorab schriftlich darüber zu informieren, dass die Vorträge aufgezeichnet werden können. Geben Sie auch die Gründe an und weisen Sie darauf hin, dass die aufgezeichneten Inhalte nicht ohne Einwilligung der Teilnehmer geteilt werden können.

Der Zugriff auf audiovisuelles Material ermöglicht es Ihnen einerseits, sich ein Bild von Ihrer Leistung (als Sprecher) zu machen, andererseits können Sie die verschiedenen Inhalte überprüfen (wenn Sie in der Rolle des Teilnehmers oder Studenten sind).

Das After-Meeting

Beim After-Meeting geht es darum, über die eigenen Tätigkeiten zu reflektieren. Beispielsweise können Sie die geplante Dauer mit der effektiv aufgewendeten Zeit vergleichen. Beurteilen Sie auch Ihre Videoleistung kritisch. Das Lernen ist nie zu Ende!

Deshalb ist es empfehlenswert, die Dokumentation in elektronischer Form festzuhalten. Man weiss nie, ob man diese Informationen später wieder benötigt, um sein Wissen zu erweitern oder um eine Aufgabe zu erfüllen. Wenn Ihnen der Zugang zum aufgezeichneten Material nicht angeboten wird, können Sie es auch anfordern. Dies ist besonders für Studenten nützlich! Wenn Sie z.B. eine lange Strecke zurücklegen müssen, hat eine Wiederholung (z.B. im Zug) noch nie geschadet.

«Kleider machen Leute»

(Quintilian)

Erhöhen Sie Ihre (Fach-)Kompetenzen

Im Jahr 2020 habe ich meine Fähigkeiten im gesamten Digitalisierungsprozess stark erweitert, indem ich andere beobachtete, Fragen stellte, Weiterbildungen besuchte, aber vor allem, indem ich Dinge selbst ausprobierte. Ich habe an mehreren Konferenzen als Zuschauer teilgenommen, Fernunterrichte und Sitzungen organisiert sowie diese auch geleitet.

Ich verwende derzeit die folgenden technischen Hilfsmittel:
- iMac oder ein McBook Pro
- zwei Kameras (eine in der Hardware integriert und eine OBSBOT[10]-Kamera, die mit einem KI-Chip ausgestattet ist und daher automatisch erkennen, folgen und zoomen kann)
- Neben dem Computer verwende ich einen zusätzlichen Bildschirm (ein Fernseher ist auch dabei), so dass einer der Bildschirme als Cockpit (Host) und der andere als Viewer fungiert.
- Als Software verwende ich die Zoom-Plattform (Zoom-Pro-Abonnement).

---

[10] https://www.remo-ai.com/

- Ich habe auch Bluetooth-Kopfhörer zur Verfügung. Die sind sehr nützlich, wenn ich mich am Veranstaltungsort bewegen muss.
- Sie können es auch ohne Kopfhörer versuchen. Wenn Sie sich in einer geschlossenen, störungsfreien Umgebung befinden und über eine gute Ausrüstung verfügen, ist dies ebenfalls eine praktikable Option.
- Ausserdem habe ich einen höhenverstellbaren Arbeitsplatz. Sehr empfehlenswert!
- Mithilfe des iPads und der Anwendung Noteshelf ordne ich im Archiv alle Notizen und Materialien zur Veranstaltung im PDF-Format.

Teil 2
Mögliche Perspektiven

Wenn Distanz eine Distanz schafft

EIN REFLEKTIERENDER ANSATZ ZUR VIRTUELLEN PRÄSENZ

Die Essenz des virtuellen Sprechens

Der Einsatz von Videokonferenzen bietet sich für mehrere Möglichkeiten an:

- Gespräch (z.B. zwischen zwei oder mehreren Personen)
- Vortrag (z.B. über eine Konferenz)
- Besprechung (z.B. eine Wochensitzung einer Arbeitsgruppe)
- Didaktik (z.B. eine Ausbildungslektion)

Bei einem **Gespräch** interagieren zwei oder mehrere Personen. Denken Sie an Telefonate mit der zusätzlichen Möglichkeit der Videoübertragung.

Bei einem **Vortrag** vermittelt der Redner sein Wissen und steht für Fragen bereit.

Die **Besprechung** kann auch mit einem Interview oder einer Sitzung verglichen werden. Der Unterschied liegt in der Struktur des Meetings, welche aus einer zu befolgenden Agenda (Meeting-Punkte) besteht.

Bei der **Didaktik** denken wir an Sequenzen, bei denen die Wissensvermittlung durch Gruppenübungen und Präsentationen begleitet wird. Darüber hinaus können wir, egal ob es sich um einen Bericht oder eine Unterweisung handelt, verschiedene Modelle kombinieren, z.B. eine voraufgezeichnete oder eine Live-Ausbildungssequenz.

Videoanrufe, Bildung, Distanz und Kreativität

Um die Distanz zu vergrössern, gibt es nichts Besseres, als die Kamera auszuschalten oder das Gehör durch unnötige Geräusche zu stören, indem Sie das Mikrofon eingeschaltet lassen. Diese, aber auch andere ähnlich peinliche Situationen können mit der «dunklen Macht der Distanz» verbunden sein. Ein Zustand, welcher symbolhaft an die berühmte Star-Wars-Saga erinnert. Wir wollen aber nicht auf dieser dunklen Seite der Macht stehen.

Lassen Sie uns für einen Moment die Augen schliessen. Stellen wir uns ein Gespräch vor, bei dem das wiederkehrende Bild ein schwarzer Bildschirm oder eine kalte Silhouette ist. Wenn wir Glück haben, können wir den Gesprächspartner anhand seines Spitznamens oder seiner Stimme identifizieren, doch auch diese kommt einem weit entfernt und metallisch vor.

Jetzt, immer noch mit geschlossenen Augen, stellen wir uns das gleiche Gespräch vor, wir können aber alle Teilnehmer sehen. Wir können ihre Gesichter sehen, ihre Mimik verfolgen und ihre Stimmen klingen natürlich. Jetzt können wir unsere Augen öffnen.

Wir sind uns wahrscheinlich alle einig, dass die zweite Schilderung weitaus attraktiver ist. Warum ist dieser kleine Schritt so schwierig zu vollziehen? Mit wenig Aufwand könnte die Situation verbessert und gleichzeitig das Gefühl der Distanz verringert werden.

Ehrlich gesagt, bin ich der Ansicht, dass wir zu wenig machen, um die Distanz zu überwinden. Die Mehrheit klagt lieber über diese Distanz, als etwas zu tun, um sie zu verringern und die Interaktion empathisch weniger kalt erscheinen zu lassen. Mir ist klar, dass nicht alle mit diesem persönlichen Standpunkt einverstanden sind.

Um meine Gedanken kurz zusammenzufassen: Telefon- oder Videokonferenzen, bei denen die Kamera nicht immer benutzt wird, sind weniger produktiv als solche, bei denen die Kamera ständig eingeschaltet ist. Das liegt daran, dass ein schwarzer Bildschirm oder ein schlechter Sound automatisch Abstand erzeugt. Schwarze Bildschirme heben die Wahrnehmung unserer Gesprächspartner (die wir nicht fühlen können) komplett auf.

Es gibt aber auch einen anderen Aspekt dieser «dunklen Macht», nämlich ein grundsätzliches Fehlverhalten der Teilnehmer. Ich übertreibe mit der Aussage nicht, dass sich diese oder jene Person selbst bei physischen Treffen auf dem Höhepunkt der Langeweile anderen Aktivitäten wie dem Lesen der Nachrichten auf dem Browser, dem Beantworten von E-Mails etc. zugewandt hat. Liege ich hier weit daneben? Bitte denken Sie selber nach, was Sie alles während einer Videokonferenz tun könnten, jedoch nicht sollten! Ich könnte kochen, während ich an einer Konferenz teilnehme, ein Fussballspiel anschauen, anderen Aktivitäten nachgehen oder einfach nur faulenzen und mich um meinen eigenen Kram kümmern.

Wenn ich an einem Meeting teilnehme, so bin ich anwesend, in der Nähe. Die Kamera ist an. Ich bin wie in einem physischen Meeting «anwesend» und meine Ressourcen sind voll auf die Veranstaltung ausgerichtet. Es geht nicht darum, jetzt zu verteufeln, wenn ich nach links oder rechts schaue, sondern darum, bewusst zu machen, wie diese kleinen schädlichen Verhaltensweisen die Distanz zwischen den verschiedenen Gesprächspartnern vergrössern können.

Es stellt einen erheblichen Unterschied dar, ob man als Teilnehmer auf ein wie auch immer geartetes schwarzes Rechteck starrt oder ob man das Antlitz seines Gegenübers sieht. Ehrlich gesagt, bevorzuge ich die zweite Variante, den persönlichen Kontakt auf virtuellem Weg zu pflegen. Sehen, um nahe zu sein (oder zu fühlen). Wenn Sie das nächste Mal an einer Videokonferenz teilnehmen, denken Sie über diese wenigen Punkte nach. Wahrscheinlich werden Sie am Ende erkennen, dass einige grundlegenden Verhaltensregeln notwendig sind. Dies könnten die Folgenden sein:

- Kamera immer eingeschaltet lassen
- Teilnahme per Telefon nur als letzten Ausweg betrachten

Die Ausrede für die Nichtbenutzung der Kamera ist immer dieselbe: Das Netzwerk ist nicht stark genug! Vielleicht stimmt das teilweise, aber in einem Land wie der Schweiz haben die meisten Heimgeräte eine gute Anschlussqualität. Sollte dies jedoch nicht der Fall sein, dann können Sie die Qualität der Videoübertragung in den Systemeinstellungen reduzieren. Hier ist ein kleiner Schritt für eine grosse Nähe: Kamera auf «On» schalten. Das ist einfach, klar, effektiv, aber vor allem nah. Als Ergänzung ist zu bemerken, dass es auch Online-Systeme gibt, die nur eine

69

bedingte Anzahl «Kamera on» in einer Gruppe zulassen. In diesem Fall ist eine Priorisierung erforderlich.

Nun ist es an der Zeit, unsere Überlegungen weiter auszubauen und uns zu fragen, ob Distanz auch gleichbedeutend mit latenter Kreativität ist. Einer der Hauptkritikpunkte lautet, dass Kreativität nur mit physischer Präsenz möglich ist. Lassen Sie mich einige Zweifel äussern: Physische Präsenz kann Kreativität unterstützen, stellt jedoch keine ultimative Lösung zur Findung kreativer Lösungen dar.

Unter der Annahme, dass wir alle miteinander vernetzt sind und wir unsere Kameras eingeschaltet haben, können wir versuchen, die notwendigen Elemente zur Kreativität zu identifizieren. Um kreativ zu sein, müssen wir uns zuerst in einen dafür vorteilhaften Geisteszustand versetzen. Da das Vorgehen dazu sehr individuell ist, gibt es hier keine Patentlösung. Es gibt jedoch Rahmenbedingungen, welche ein kreatives Schaffen unterstützen: Seien Sie gespannt auf Neues, lesen Sie, hören Sie zu, tauschen Sie sich aus und vergleichen Sie sich. Dies sind nur einige Möglichkeiten, unsere Kreativität zu verbessern.

Wenn wir wissen, wie wir die Technik optimal nutzen können, wenn wir motiviert sind, Neues zu erlernen und neue Horizonte zu erkunden, werden wir unsere Kompetenz im virtuellen Raum verbessern.

Der Funke meiner Motivation lässt sich zum Beispiel an den Beginn des ersten Pandemie-Lockdowns im Jahr 2020 zurückverfolgen. Tatsächlich erlebte ich in dieser Zeit viele der von mir beschriebenen Situationen aus erster Hand, was mich dazu veranlasste, meine technologischen

Fähigkeiten in Bezug auf das Verhalten zu verbessern, was mich dann wiederum dazu anspornte, dieses Buch zu schreiben.

Nachfolgend einige meiner ersten, nicht abschliessenden Erfahrungen:

- Chaos vermeiden, indem alle stattfindenden Videokonferenzen in der Agenda eingeschrieben sind
- Effizientes und sicheres Arbeiten erfordert einen komfortablen Arbeitsplatz und eine moderne, leistungsstarke (aber nicht unbedingt teure) IT-Ausstattung.
- Indem wir die Kamera eingeschaltet lassen, können wir einen grossen Teil der Distanz, die wir bei ausgeschalteter Kamera haben würden, verringern.
- Selbst wenn Sie von zuhause aus arbeiten, können Sie einen gewissen Kontakt aufrechterhalten. Dies setzt einen regelmässigen Austausch mit Ihren Kollegen oder Mitarbeitern voraus, vielleicht bei einem dampfenden Kaffee und einem leckeren Kipferl.
- Um Ihre Konzentration zu steigern, müssen Sie wissen, wann Sie alle äusseren Störungen ausblenden müssen, beispielsweise, indem Sie Ihr Telefon abschalten oder indem Sie in Ihrem Terminkalender klar die Zeiten planen, zu denen Sie nicht gestört werden möchten.
- Um ein gewisses Mass an Wohnungssucht zu vermeiden, ist es sinnvoll, tägliche Pausen und Spaziergänge einzuplanen.
- Die Zeit, die Sie für den Weg zur Arbeit sparen, können Sie auch nutzen, um neue Horizonte zu erschliessen. Nehmen Sie sich die Zeit, um nachzudenken, zu

reflektieren und nach neuen Wegen zu suchen, um Ihre Fähigkeiten zu erweitern.

Ich will nicht leugnen, dass es manchmal schwierig war, aber schlussendlich haben mir die Ergebnisse recht gegeben. In dieser Zeit habe ich meine Fähigkeiten kontinuierlich verfeinert und die Arbeit aus der Ferne angenehmer, aber vor allem effektiver gestaltet. Natürlich ist die Anwesenheit im Büro wichtig, doch zumindest für mich konnte ich beweisen, dass ich mit einer guten Arbeitstechnik (und den passenden Mitteln) auch von zuhause aus produktiv sein kann.

Schliesslich hat mich diese Erfahrung verstehen lassen, dass man mit der richtigen Arbeitstechnik, den passenden Mitteln und dem notwendigen Willen die physische Präsenz gut mit der virtuellen Präsenz mischen kann.

Haben Sie keine Angst! Probieren Sie es aus! Wir können auch aus der Ferne kreativ sein! Ich bin überzeugt, dass der richtige Mix unsere Effizienz und Effektivität bei der Arbeit nur verbessern und uns motivieren kann!

Die Anwendung «mmhmm»

Mithilfe nützlicher Anwendungen, Tricks und Ehrgeiz können wir unsere Auftrittskompetenz auf einfache Art und Weise steigern. Ich habe im Internet einiges gefunden, was Ihnen helfen könnte.

Wenn wir etwas über Plattformen präsentieren (Zoom, Microsoft Teams, Skype usw.), sollte der Schwerpunkt des Interesses auf dem Sprecher liegen. Beim Anlehnen an eine Präsentation (PowerPoint) wird unsere Person jedoch in den Hintergrund gedrängt, denn der Fokus liegt auf der Präsentation. Warum also nicht den Referenten hervorheben und trotzdem auch den verschiedenen Präsentationsfolien Raum geben?

Werten Sie Ihre Remote-Präsentationen auf: Erstellen Sie hochwertige Videoinhalte in wenigen Minuten. Mmhmm funktioniert mit Zoom, Google Meet, YouTube und vielen anderen Video-Apps.

Unter den vielen Vorschlägen und Lösungen, die ich gefunden habe, möchte ich kurz auf die Anwendung mit dem etwas gewöhnungsbedürftigen Namen «mmhmm» eingehen. Diese von mir getestete und in Kombination mit Zoom eingesetzte Anwendung ist einfach und nützlich.

«mmhmm» (https://www.mmhmm.app) ermöglicht Ihnen, dass Sie während einer Präsentation auf dem Bildschirm (gross oder klein) verbleiben können. Wenn sich die Teilnehmer jedoch auf das Gezeigte konzentrieren sollen, dann können Sie ihr Bild auch ausblenden. Sie können mithilfe dieser Anwendung auch einen Laserpointer einblenden lassen. Ebenfalls kann damit ein Partner Ihre Präsentation aus der Ferne steuern. Damit würde Ihre einzige Aufgabe darin bestehen, sich auf den Inhalt und Ihre Beziehung zu den Teilnehmern zu konzentrieren.

Podcast: Gründe für die Beliebtheit

GASTAUTHOR MATHIAS MÜLLER, PODCAST «DER STOISCHE PIRAT»

Podcasts sind beliebt, sehr beliebt. Immer mehr Menschen hören sich Podcasts an oder produzieren solche gleich selber. Gemäss einer grossen Untersuchung von Edison Research[11] aus dem Jahr 2019 hört ein Drittel aller Amerikaner mindestens einen Podcast pro Monat, fast ein Viertel tut dies wöchentlich.

In der Schweiz sind die Zahlen noch etwas tiefer. Das Schweizer Radio und Fernsehen untersucht regelmässig das Medienverhalten in der Schweiz. In der Mediatrends Publikation «Radio und Podcasts in der Deutschschweiz» aus dem Jahr 2019 steht: «Zurzeit gibt nur ein Achtel der Deutschschweizer*innen an, mindestens einmal pro Woche Podcasts zu hören, und eine*r von vieren entscheidet sich zumindest einmal im Monat für Audio-on-Demand. Bei Jüngeren zwischen 15 und 29 Jahren hört hingegen jeder Fünfte wöchentlich Podcasts.»[12]

Laut einer Prognose von eMarketer[13] aus dem Frühjahr 2021 wird die Zahl der monatlichen Podcast-Hörer im Jahr 2021 mit monatlich geschätzten 117,8 Millionen Hörern weltweit um 10,1 % gegenüber dem Vorjahr wachsen.

Der Trend ist somit klar. Podcasts sind im Aufwind. Wieso ist dieses Format derart beliebt?

---

[11] https://www.edisonresearch.com/the-podcast-consumer-2019/

[12] https://www.srf.ch/unternehmen/unternehmen/publikationen/aus-der-medienforschung-medientrends-deutschschweiz-2019

[13] https://www.marketingcharts.com/industries/media-and-entertainment-116571

WEG VON DER MEDIENEINFALT

Die traditionellen Medien bieten immer weniger Vielfalt. Aus Kostengründen verzichten sie auf Eigenproduktionen und setzen dafür auf Agenturmeldungen. Dies hat zur Folge, dass sich die Zeitungen sowie die Radio- und Fernsehsender landesweit inhaltlich kaum mehr unterscheiden.[14] Reportagen, Spartenthemen oder auch kritische Auseinandersetzungen zu zeitgenössischen Fragen findet man nicht mehr.

Im SRF Mediatrend steht: *«Während die traditionellen Radioprogramme meist auf einem festen Raster basieren und die Nutzer*innen das Gebotene mehr oder weniger 'passiv' mitverfolgen, funktionieren Podcasts anders: Nutzer*innen müssen die Inhalte proaktiv auswählen, d.h., dass bei Podcasts das gezielte Bedürfnis nach bestimmten Themen und Wortbeiträgen zur Nutzung führt.»* Mit dieser Formulierung bringt die SRF das Problem zum Ausdruck: Radiosendungen sind lediglich seichte Hintergrundgeräusche. Die Menschen haben aber das Bedürfnis, sich weiterzuentwickeln und dazuzulernen. Drei von vier Podcast-Hörern in den USA geben an, dass sie Podcasts konsumieren, sobald sie etwas lernen wollen. Sie wollen zum Denken angeregt werden und nicht nur passiv Musik und belangloses Geschwätz konsumieren.

Wenn sich jemand z.B. für den Boxsport, den Zirkus, Milchprodukte oder für Käfer interessiert, dann findet er in den traditionellen Medien wenig bis gar nichts dazu. Dem gegenüber stehen zahlreiche Podcasts, die sich regelmässig mit genau solchen Spartenthemen befassen.

---

[14] https://www.statista.com/statistics/610691/main-reasons-listening-to-podcasts-us/

Gemäss Podcastinsights[15] gab es im April 2021 850'000 aktive Podcasts und 48 Millionen Sendungen. Zu den beliebtesten Themen gehörten Talk-Shows, internationale News, Ernährung, Sport, Film- und Buchbesprechungen, Paranormales, Psychologie, Philosophie, Politik, wahre Verbrechen und aktuelle gesellschaftliche Themen wie LGBTQ, Feminismus, Rassismus etc.

MULTITASKING
In unserer hektischen Welt ist Multitasking von grosser Bedeutung. Audioinhalte ermöglichen dem Hörer genau dies. Eine kürzlich durchgeführte Studie des Reuters Institute und der Oxford University[16] ergab, dass 64% der Podcasts zuhause gehört werden, 24% im öffentlichen Verkehr oder während des Autofahrens, 18% bei Spaziergängen oder beim Shoppen, 16% bei der Arbeit und 16% beim Sport. Die Länge eines Podcast ermöglicht in der Regel ein tiefes Eintauchen in ein Thema oder in ein Gespräch zwischen zwei Personen.

Einer der grossen Vorteile von Podcasts ist, dass der Hörer die Wiedergabesteuerung hat. Wenn ich etwas nicht genau verstanden habe, dann spule ich einfach zurück. Wenn ich z.B. an der Kasse bezahle, dann stelle ich den Podcast einfach für diese Zeit ab. Ich kann sogar das Tempo eines Podcasts erhöhen. Dies spart mir auch wieder Zeit.

Podcast-Audioinhalte geben dem Hörer die Möglichkeit, in Themen einzutauchen, wann und wo sie wollen, ohne

---

[15] https://www.podcastinsights.com/podcast-statistics/
[16] https://www.digitalnewsreport.org/survey/2019/podcasts-who-why-what-and-where/

sich die Zeit nehmen zu müssen, ein Video anzuschauen oder einen Artikel zu lesen.

GEMEINSCHAFTSGEFÜHL
Da Podcasts in der Regel spezifische Themen behandeln, finden sich unter den Hörern vor allem Menschen, die das Interesse für dieses Thema miteinander teilen. Diese Gemeinsamkeit schafft ein Zusammengehörigkeitsgefühl. Dies wiederum führt zu einer treuen Gefolgschaft. Da viele Hörer die Podcasts mit dem Smartphone konsumieren, ist es ein Leichtes, den Podcast sofort in den sozialen Medien zu teilen und sich mit anderen Hörern auszutauschen, wodurch sich eine Community rund um den Podcast bildet. Wer liebt es nicht, sich mit anderen Menschen, die die gleichen Interessen haben, zu unterhalten?

Einen eigenen Podcast lancieren

Einen Podcast zu lancieren, ist einfach und günstig. Einen Podcast zu betreiben, bedingt hingegen einen gewissen Aufwand. Einige Punkte, die es dabei zu beachten gibt:

ZIELSETZUNG
Warum wollen Sie einen Podcast betreiben? Beabsichtigen Sie, damit Geld zu verdienen? Wollen Sie den Podcast als Marketingtool nutzen? Ist der Podcast als Kommunikations- und Bindungsinstrument für eine spezifische Zielgruppe gedacht (z.B. Mitarbeiterinfo, Verein, Partei, religiöse Gemeinschaft etc.)? Oder haben Sie ein leidenschaftliches Interesse und ein breites Wissen zu einem spezifischen Thema und möchten nun dieses Wissen im Sinne eines Hobbys weitergeben?

Ein klares Ziel ist unerlässlich, um erfolgreich zu sein. (Dies gilt nicht nur für das Podcasting). Das Ziel dient als Kompass; es gibt Ihnen Grund und Zweck für ihr Tun und ist somit auch Ihr Motivator.

ZIELGRUPPE UND THEMA

Wenn Sie ein ganz spezifisches Thema auswählen, dann ist auch das Zielpublikum einfach zu definieren. Die Wahl des Themas sollte aber nicht nur durch Ihr Interesse an diesem Thema, sondern auch durch Ihr Wissen darüber bestimmt werden.

Stellen Sie sich die Frage, ob Sie über genügend Wissen verfügen, dass Sie mindestens 50 verschiedene Podcast-Folgen produzieren können. Nicht selten gehen Podcastern nach 2-3 Folgen schon die Ideen aus. Wenn Sie also zum Beispiel einen Podcast über Zombies machen wollen, dann reicht es nicht, dass ihnen die Serie «Walking Dead» gefallen hat. Sie müssen über viel Hintergrundwissen verfügen, damit sie andere Zombie-Fans begeistern können. Das bedeutet: viel Zeit für Recherche!

Wenn Sie ein bestimmtes Zielpublikum erreichen wollen, dann müssen Sie sich überlegen, welche Interessen dieses Zielpublikum hat. Fragen Sie sich nun, ob Sie genügend Themen haben, um längerfristig und regelmässig einen Podcast für dieses Zielpublikum betreiben zu können.

PLANUNG

Bevor Sie mit der Publikation beginnen, müssen Sie planen und sich vorbereiten. Dies klingt eigentlich logisch, wird aber oft nicht umgesetzt. Vor lauter Enthusiasmus kann man kaum erwarten, loszulegen und seine erste Folge zu veröffentlichen. Die Freude über die erste Publikation wird dann rasch dadurch getrübt, dass man nun die nächste Folge produzieren sollte und man noch kein Thema oder keinen Gast hat oder noch technische Probleme zu beheben sind etc. Es gilt deshalb, zuerst zu überlegen, in welchem Rhythmus man publizieren will (täglich, wöchentlich oder monatlich). Dies hängt von Ihren zeitlichen Ressourcen ab. Eine gewisse Regelmässigkeit ist für die Hörerbindung jedoch wichtig. Weniger als einmal monatlich finde ich persönlich nicht ideal.

Wenn ich den Zeitplan habe, dann kann ich diesen mit Themen füllen. Erst jetzt sollten Sie sich an die Produktion wagen. Erstellen Sie zu Beginn mindestens fünf Folgen, bevor Sie ihren Podcast veröffentlichen. Sie schaffen so den nötigen Vorlauf zur Produktion weiterer Folgen. Solche Reserven sind vor allem bei Hobby-Podcastern wichtig, die sich nicht jede Woche gleich viel Zeit zum Kreieren von Inhalten nehmen können. Auch gibt es manchmal Unvorhergesehenes (ein Mikrofon geht kaputt, ein Gast ist krank etc.). In solchen Fällen ist es beruhigend, wenn man noch Reservefolgen hat, auf die man zurückgreifen kann.

VORBEREITUNG

Eine interessante Podcast-Folge bedingt inhaltliche Vorbereitung, egal, ob Sie nun einen Monolog, ein Zwiegespräch mit einem Co-Host oder ein Interview führen.

Vorbereitung bedeutet exakte Recherche. Sie müssen sich in ein Thema einarbeiten. Dies ist keine schnelle und oberflächliche Angelegenheit. Auch wenn man bei Interviews das Wissen von Gästen anzapft, ist es ein Trugschluss, zu glauben, dass man sich deshalb weniger intensiv vorzubereiten hat.

Eine der Stärken von Podcasts ist es, dass man intimere Gespräche führen kann und an keinen Zeitrahmen gebunden ist. Wenn sich ein Gastgeber aber nur flüchtig auf seinen Gast vorbereitet, wird das Gespräch kaum sehr tiefgründig. Es ist meine Meinung, dass es etliche Podcasts gibt, bei denen es sich um belangloses Geschwafel handelt, weil die Podcaster denken, dass es cool sei, spontan zu sein. Wer souverän spontan wirken will, muss sich aber präzise vorbereiten.

TECHNIK
Technik bedarf es eigentlich sehr wenig. Für den Einstieg können Sie einfach Ihr Smartphone als Aufnahmegerät benutzen. Alles, was es auf dem Telefon braucht, ist eine Diktiergerät- oder Voice-Recorder-App. Eine weitere günstige Möglichkeit ist, den Podcast am Computer mit einer entsprechenden kostenlosen Audio-Software (Audacity für Windows, Garageband für Mac) aufzunehmen.

Eines gilt es aber zu berücksichtigen: Das Wichtigste bei einem Podcast ist die Tonqualität. Der beste Inhalt wird nicht gehört, wenn der Ton miserabel ist. Beschaffen Sie sich also ein Mikrofon für ihr Smartphone oder ihren Computer.

Es gibt auch geeignete portable Aufnahmegeräte. Mein persönlicher Favorit ist der Zoom H2N Handyrecorder. Für rund 160 Franken bietet dieses kleine batteriebetriebene Gerät auch bei Interviews eine hervorragende Aufnahmequalität. Man kann ein solches Gerät ausserdem im Freien benutzen. Ich verwende es zudem als Backup, damit ich jeweils zwei Aufnahmen habe.

Wenn Sie ein kleines Studio zuhause einrichten wollen, dann empfehle ich Ihnen den RodecasterPro von Rode. Dieses Mischpult wurde speziell zum Erstellen von Podcasts entwickelt. Es ist kinderleicht zu bedienen, hat vier Mikrofonanschlüsse, je einen Smartphone- und einen USB-Anschluss und man kann ein Telefon über Bluetooth verbinden. Der RodecasterPro kostet etwas mehr als 500 Franken. Neben einem Mischpult benötigen Sie je nach Anzahl Gäste aber auch mehrere Mikrofone, zumindest ein zusätzliches. Gute Mikrofone kosten rund 100 Franken. Nicht zu vergessen sind der oder die Mikrofonständer, SD-Karten, diverse Kabel (Strom, Mikrofon, USB etc.) und mindestens ein Kopfhörer. Eine solche Einrichtung kostet alles in allem knapp 1'000 Franken.

NAME, LOGO UND JINGLE
Überlegen Sie sich einen Namen für Ihren Podcast. Bei einem themenspezifischen Podcast sollte sich das Thema im Namen widerspiegeln, damit der Podcast von Interessierten gut gefunden werden kann. Beispielsweise heissen die bekanntesten Podcasts zum Schachspiel «Schachgeflüster» und «Schach on Air».
Wenn Sie ein weiter gefasstes Zielpublikum erreichen wollen, dann versuchen Sie, einen möglichst einprägsamen Namen, der im weitesten Sinn zu ihrem Inhalt passt

und mit dem sich ihr Publikum identifizieren kann, zu finden.

Von der Nutzung des eigenen Namens (z.B. «Die Mathias Müller Show») würde ich abraten, es sei denn, Sie verfügen bereits über einen gewissen Bekanntheitsgrad.

Wenn man einen Podcast hört, dann erscheint in der Regel das Logo der Show oder das Bild der jeweiligen Folge. Aus diesem Grund sollten sie sich ein solches Logo oder Titelbild kreieren. Mein Vorschlag ist, diesen möglichst einfach zu gestalten.

Was sie ebenfalls brauchen, ist ein Intro und allenfalls ein Outro. Ihre Show sollte immer gleich beginnen. Kaufen Sie sich dafür auf einer entsprechenden Plattform (z.B. audiojungle, premiumbeat etc.) lizenzfreie Musik. Solche Musik findet man ab ca. 10 Franken.

PODCAST-HOSTING-SERVICE

Ohne Podcast-Hosting-Service geht es nicht. Was ist aber ein solcher Podcast-Hosting-Service? Es ist jener Ort, an dem die Audiodateien Ihres Podcasts gespeichert und an die diversen Podcast-Kanäle wie Spotify, Apple Podcast, CastBox, PodcastAddict etc. verteilt werden. Der Podcast-Host-Service ist sozusagen die Homebase Ihres Podcasts.

Die Podcast Hosting-Services bieten zudem Analysen, Webplayer, Planungswerkzeuge und andere Funktionen an, die Ihnen bei der Produktion Ihres Podcasts nützlich sein können.

Es gibt unzählige Podcast-Host-Anbieter im Internet. Je grösser die Auswahl ist, desto schwieriger fällt der Entscheid. Bevor Sie einen Host-Service aussuchen, vergleichen Sie diese und suchen Sie im Netz nach aktuellen Bewertungen von Nutzern.

Folgende Fragen gilt es, sich zu stellen:
1. Wie benutzerfreundlich ist der Host-Service für mich?
2. Wie sieht die Integration des Host-Service auf meiner Webseite aus?
3. Wieviel kostet der Host-Service?
4. Welche Features/Analytics gibt es? Nutze ich diese auch?

Folgend eine Auswahl von anerkannten und empfehlenswerten Podcast-Hosting-Services: Buzzsprout, PodBean, Libsyn, Simplecast, Transistor.fm oder Megaphone.

Persönlich nutze ich Transistor.fm. Mit diesem Host-Service bin ich sehr zufrieden. Die Nutzung ist einfach und selbsterklärend. Die monatlichen Kosten belaufen sich auf 19 Dollar.

VIDEO

Viele Podcaster stellen ihre Folgen auch auf Video-Plattformen wie YouTube und Vimeo. Dies kann bei der Verbreitung Ihres Podcast helfen. Der zusätzliche Aufwand darf aber nicht unterschätzt werden. So muss die Audiospur über das Video gelegt werden. Dies ist keine Kunst, braucht aber etwas Übung und Zeit. Je nach Länge des Videos benötigt das Laden auf die Video-Plattform mehrere Stunden. Zur Filmaufnahme reicht ein Smartphone.

Ob sich der Aufwand lohnt, ist schwierig abzuschätzen. Den Entscheid, Videos zu veröffentlichen, sollten Sie primär davon abhängig machen, ob Ihnen die ganze Videoarbeit Spass macht.

GÄSTE

Wenn Sie Gäste in Ihre Sendung einladen wollen, dann gibt es verschiedene Formen, dies zu tun. Sie können das Gespräch gemeinsam an einem Ort, z.B. in Ihrem Studio oder bei der Person zuhause, aufnehmen, Sie können Gespräche aber auch remote per Telefon (dazu eignet sich der Rodecaster Pro hervorragend) oder via einer Videokonferenz-Plattform wie Skype, Zoom oder den speziell für Podcast entwickelten Dienst riversde.fm durchführen.

Egal, welche Form Sie wählen, der Ton ist das Schlüsselelement. Stellen Sie sicher, dass die Leute Kopfhörer und Mikrofon benutzen, wenn Sie ein Gespräch remote führen,. Das im Computer eingebaute Mikrofon ist in der Regel nicht gut genug. Kopfhörer braucht es, damit es keine Rückkoppelungen gibt bzw. ihre Stimme nicht doppelt hörbar ist. Ganz wichtig ist die Stabilität der Internetverbindung bei Ihrem Gast und bei Ihnen.

Das persönliche Gespräch vor Ort ist intimer als eines über Distanz. Man kann den Gast und sich selber einfacher einstimmen, indem man vor der Aufnahme ein Vorbereitungsgespräch führt. Daraus ergeben sich allenfalls noch neue Diskussionspunkte. Auch spürt man, wie der Gast aufgelegt ist.

Bei remoten Gesprächen bevorzuge ich riverside.fm. Dieser Dienst bietet eine hervorragende Audio- und Videoqualität unabhängig von der Internetverbindung.

Die Riverside-Plattform hat einige herausragende Eigenschaften, die meines Erachtens wichtige Vorteile gegenüber Plattformen wie Zoom und Skype darstellen. Riverside.fm zeichnet lokal auf. Das bedeutet, die Aufnahme findet auf Ihrem Computer statt und nicht über das Internet. Lokale Aufnahmen vermeiden Unterbrechungen und gewährleisten unabhängig von Ihrer Internetverbindung

85

eine hohe Audio- und Videoqualität. Auch werden für jeden Gast separate Audio- und Videospuren erstellt. Dies macht den Nachbearbeitungsprozess deutlich einfacher. Die Video- und Audiospur kann man selber zusammenführen oder man überlässt dies riverside.fm. Natürlich ist dieser Dienst nicht gratis. 5 Stunden Aufnahmen pro Monat kosten im Abonnement monatlich 15 Dollar. Zoom ist dagegen gratis.

Ich persönlich stelle den Gästen die wichtigsten Fragen vorgängig zu. Es ist mein Ziel, möglichst gute Voraussetzungen für meine Gäste und mich zu schaffen. Meine Gäste sollen sich von ihrer besten Seite zeigen können. Ich will diese nicht überraschen. Es gibt Fragen, auf die zwar jeder eine Antwort hat, aber deren Beantwortung etwas Bedenkzeit benötigt. Wenn ich jemanden z.B. nach seinen wichtigsten Tugenden, den drei Lehren aus seiner Tätigkeit oder auch nach den drei Lieblingsbüchern frage, dann will ich vermeiden, dass der Gast lange überlegen muss oder gar aus den Bahn geworfen wird. Das Gegenteil soll der Fall sein: Der Gast soll eine wohlüberlegte, souveräne Antwort geben können.

Noch einmal möchte ich an dieser Stelle die Wichtigkeit der Vorbereitung auf einen Gast und das mit ihm zu behandelnde Thema betonen. Eine gute Vorbereitung steigert nicht nur die Qualität des Inhaltes, es ist auch ein Zeichen des Respekts gegenüber dem Gast.

ERWARTUNGEN

Haben Sie nicht die Erwartung, dass Sie mit ihren ersten drei bis vier Podcasts schon ein grosses Publikum erreichen. Freuen Sie sich zu Beginn, wenn Sie fünf oder zehn Personen erreichen. Erfreuen Sie sich danach, wenn die Zahlen leicht steigen.

Nicht selten geben Podcaster bereits nach der ersten Folge frustriert wieder auf, weil Sie realisieren, dass trotz recht grossem Aufwand gerade mal eine Handvoll Menschen den Podcast angehört haben.

Bedenken Sie auch, dass die Schweiz ein sehr kleiner Markt ist. Vergleichen Sie ihre Zahlen also keinesfalls mit jenen von deutschen oder gar amerikanischen Podcastern. Geben Sie sich auch genügend Zeit und seien Sie geduldig. Wenn Sie einen Podcast betreiben, um schnellen Erfolg zu haben, um berühmt zu werden oder um ihr Ego zu befriedigen, dann wird es nichts. Haben Sie Freude an kleinen Erfolgen. Der Weg mit all seinen Hindernissen ist das Ziel

Bereiten Sie sich mental auf negative Rückmeldungen vor. Wer sich exponiert, der wird auch kritisiert. Seien Sie sich bewusst, dass Sie auch unsachliche Kritik unter der Gürtellinie erhalten werden. Lesen Sie die Kommentare auf YouTube, dann können Sie sich in etwa vorstellen, was Sie erwarten könnte. Wenn Sie nicht damit umgehen können, dass Sie z.B. als «Idiot mit furchtbarer Stimme» oder anderweitig beschimpft werden, dann suchen Sie sich ein anderes Hobby.

Aber keine Angst, in der Regel bekommen Sie auch positives Feedback. Dieses wiegt zwar weniger schwer als negative Kritik, motiviert bei richtiger Betrachtungsweise aber trotzdem.

«Der grösste Fehler ist, es nicht zu versuchen respektive den Mut zur Veränderung zu verlieren.»

Kritik an der virtuellen Welt

Ein Merkmal der Kritik ist, dass sie auf eine Verarmung der Lehrer-Schüler-, Vorgesetzte-Mitarbeiter-Beziehung im Fernunterricht hinweist. Diese Sorge kann ich voll und ganz teilen. Wir wissen, dass der Mensch ein natürliches Bedürfnis hat, mit anderen Menschen in Beziehung zu treten. Aber das ist nicht das Problem. Das Problem sind wir und wie wir damit umgehen. Wir müssen zur Kenntnis nehmen, dass dies eine wiederkehrende Haltung in unserer Geschichte ist. Die Einführung neuer Technologien hat die Wahrnehmung und die Ängste der Menschen geprägt. Jetzt sind wir mit einer Notwendigkeit konfrontiert und wir müssen alles tun, um das Beste daraus zu machen. In der Normalität - wenn wir überhaupt von Normalität sprechen können - wäre es wahrscheinlich eine faire Mischung aus Online und Offline.

Die heutige Technologie bietet uns Möglichkeiten, an Anlässen teilzunehmen oder diese zu veranstalten, ohne physisch präsent zu sein, doch es liegt an uns, diese Technologien richtig einzusetzen (ob wir wollen oder nicht). Kritiker wiesen mich darauf hin, dass Fern- und Präsenzunterricht nicht miteinander gleichgestellt werden können. Beispielsweise liege eine Schwierigkeit darin, dass keine Gruppenübungen durchgeführt werden könnten, d.h., dass man nicht interagieren könne. Ich stimme teilweise zu. Ich denke, es ist sehr schwierig, dieses Gefühl des Kontaktmangels zu kompensieren, welches wir bei der physischen Anwesenheit nicht erfahren müssen. Trotzdem bin ich davon überzeugt, dass es nicht unmöglich ist, auf Distanz erfolgreich zu arbeiten.

Es gibt Videokonferenzsoftware (z.B. Zoom), die dazu verhelfen. Die Teilnehmer treffen sich für die verschiedenen gemeinsamen Phasen im Auditorium. Dann versetzt der Verantwortliche (nach vorheriger Vorbereitung) mit einem einfachen Klick die Teilnehmer virtuell in die verschiedenen Gruppentheorieräume. Der Sprecher hat die Möglichkeit, mit den verschiedenen Gruppen zu interagieren und sich auch in den verschiedenen virtuellen Räumen zu bewegen. Mit ein wenig Phantasie (d.h., unter maximaler Ausnutzung der vielen Möglichkeiten der Plattform) könnte sogar ein Teilnehmer der Gruppe A die Gruppe B besuchen und so weiter. (Wir sprechen von einem virtuellen Besuch.) Ausserdem haben die neuen Generationen kein Problem damit, die verschiedenen Tools zu benutzen. Unter dieser Prämisse ist es auch möglich, Dokumente zwischen den verschiedenen Gruppen auszutauschen und unterschiedliche Programme für die verschiedenen Plenumspräsentationen zu verwenden.

Vor dem Beginn

- Mikrofon normalerweise im Aus-Modus
- bei Diskussionen und Übungen Mikrofon im Ein-Modus
- Kamera eingeschaltet
- für Fragen und Bemerkungen Chat verwenden
- bei Fragen Hand heben (Taste)

Ich sage nicht, dass der Fernunterricht den Präsenzunterricht ersetzen soll. Nein, das ist nicht der Punkt. Es muss eine angemessene Mischung zwischen Fern- und Präsenzunterricht erreicht werden. Darüber hinaus macht der Fernunterricht die Weiterbildung für Menschen, die diese anstreben, jedoch nicht vor Ort sein können, flexibler und attraktiver.

Was wird nach der COVID-19-Pandemie bleiben? Wir können zwar die Zukunft nicht vorhersagen, jedoch zumindest einige Hypothesen formulieren.

Eine erste Hypothese lautet, dass nach der Krise alte Gewohnheiten wieder auftauchen.
Für diese These spricht, dass der Mensch ein Gewohnheitswesen ist. Sobald es die Situation erlaubt, versucht er, die alten Gewohnheiten erneut aufzunehmen. Es kann aber vorkommen, dass mehrere Mitarbeiter oder Führungskräfte die Möglichkeit, im Homeoffice zu arbeiten, zu schätzen gelernt haben. Darüber hinaus hat die Anpassung der IT-Infrastruktur das Arbeiten von zuhause aus agiler gemacht. Aufgrund der erheblichen Investitionen in die Digitalisierung (auch nach der Pandemie), um z.B. Reisekosten der Mitarbeiter zu sparen, wird es schwieriger, zur Situation vor der Pandemie zurückzukehren.

Eine zweite Hypothese könnte sein, dass das Thema «Distanz» für viele Unternehmen und Institutionen, einschliesslich Schulen, zu einer Art Mantra wird, und sie gewissenhaft die richtige Mischung aus physischer und virtueller Präsenz suchen werden. Für diese These spricht, dass bereits mehrere Unternehmen ihre Bereitschaft sig-

nalisiert haben, diesen Weg umzusetzen und weiterzuge-
hen. Nachteilig ist vor allem der menschliche Faktor und
die Veranlagung von Führungskräften, aus der Distanz zu
führen.

Die dritte Hypothese könnte die kopernikanische Revolu-
tion in der Konzeption der Bildung verkörpern. Diese
würde begleitet von einem weiteren und beeindruckenden
Technologiesprung neue Grenzen eröffnen. Dafür spricht
die Realität, dass viele Schulen oder (Fach-)Hochschulen
in kurzer Zeit neue Businessmodelle des Fernunterrichts
auf den Markt gebracht und damit auch einen neuen Markt
etabliert haben. Das heisst, ein Markt, auf dem selbst der
engagierteste Arbeitnehmer seinen eigenen alternativen
und ferngesteuerten Lernweg wählen kann. Als Nachteile
sind vor allem der Wille des Einzelnen, diese neuen Möglichkeiten zu nutzen, und die Unfähigkeit bezüglich der
Inhaltsvermittlung zu nennen. Es gibt Unternehmen, die
davon leben, die Produkte rund um den Fernunterricht
ständig zu verbessern.

Nur weil es menschlich ist, zu alten Gewohnheiten zurückzukehren, weil es schwierig ist, einen fahrenden Zug
zu stoppen und weil momentan die dritte Hypothese am
unwahrscheinlichsten scheint, sollte trotzdem keine der
Hypothesen a priori verworfen werden. Wir sind diejenigen, die den Weg, den wir einschlagen, definieren.

Nehmen wir uns die Zeit, neue Horizonte zu erkunden!

Neue Wege und neue Methoden auszuprobieren, ist wichtiger denn je. Bücher, Tutorials, Kurse und der Austausch von Ideen sind von grosser Bedeutung. Ich konnte mein Wissen durch die Teilnahme an einem der vielen angebotenen Kurse zum Thema Webinare verfeinern.

Der Kurs war unter https://www.lernwerkstatt.ch (Webinare erfolgreich gestalten) zu finden. Kleine Theorie und Praxis lohnten sich.

Intelligentes Lesen

Lassen Sie mich nun kurz zu einem Thema abschweifen, das auf den ersten Blick widersprüchlich erscheint, wenn wir darüber nachdenken aber helfen kann, Informationen schneller zu verarbeiten.

Wahrscheinlich werden Sie vor, während und nach einem Webinar damit konfrontiert sein, Dokumente zu lesen oder sich einfache Notizen zu machen. Ich denke, die nächsten Zeilen könnten für Sie von Interesse sein.

Als ich ein junger angehender Hauptmann war, hat uns der Militärlehrer etwas beigebracht, das mich immer noch begleitet und mir hilft, Texte zu lesen und zu verstehen: intelligentes Lesen.

Lesen ist eine der Aktivitäten, die viele von uns (so hoffe ich) täglich ausüben. Aber Lesen ist nicht gleichbedeutend mit Verstehen und Begreifen. Das Wissen, wie man intelligent liest, kann dies zumindest vereinfachen. Eine effiziente und effektive Textanalyse kann das Verständnis für ein Thema erheblich verbessern und bei der Aufnahme von Textinhalten unterstützen.

Unabhängig vom beruflichen Werdegang können wir mit dem richtigen Knowhow schnell bei einer Lektüre vorankommen. Das haben sie alle vielleicht schon getan. Vielleicht beherrschen Sie diese Fähigkeit bereits oder haben schon Ihre eigene funktionierende Lernmethode. Es spielt keine Rolle. Was zählt, ist, eine Methode zu haben! Um diesen Gedanken besser zu verstehen, verweise ich auf die Zeichnung «Intelligentes Lesen».

So viele Dokumente zu lesen! Die Idee: Ich lasse mich beim Lesen durch Farben unterstützen.

Ich definiere für jedes Hauptthema eine Farbe. Zum Beispiel: Blau, Gelb, Rot, Grün etc. Ich benutze einen Stift oder einen Kugelschreiber, um meine Gedanken besser zu bündeln.

Eine mögliche Verwendung von Farben:

- BLAU: eigene Mittel, Möglichkeiten oder (finanzielle) Ressourcen → Vergangenheit
- ROT: Konkurrenz, Gegner, Gegenseite, Risiken → Zukunft
- GRÜN: alle Personen, welche mir bei der Problemlösung helfen können (Stakeholder, Partner, Institutionen ...) → Gegenwart
- GELB: Logistik und Infrastruktur → unklar!

Das sind nur Beispiele. Es ist wichtig, die Hauptthemen, d.h., die Elemente, die für ein besseres Verständnis relevant sind, im Voraus zu definieren.
Jedes Mal, wenn mir Ideen, Gedanken oder Lösungsansätze in den Sinn kommen, welche zur Problemlösung beitragen könnten, schreibe ich diese an den Seitenrand des Blattes.

Die Frage der Privatsphäre

Bei der von uns teilweise kostenlos eingesetzten Software ist es nicht ungewöhnlich, dass neue Vertrags- oder Nutzungsregelungen angekündigt werden. Als Folge empört sich die Community regelmässig über einen neuen Angriff auf Freiheit und Privatsphäre. Dazu möchte ich ein paar Anmerkungen machen.

Zunächst einmal ist bekannt, dass jede Nutzung eines kostenlosen Dienstes dem Anwender immer ein Zugeständnis abverlangt. Es ist eine Tatsache und eine Marktregel, die wir akzeptieren müssen, ob wir wollen oder nicht. Wir müssen zwischen Software unterscheiden, die gratis zur Verfügung gestellt wird, und Software, die uns Geld kostet. Bei der ersteren Variante bezahlt man nicht mit Geld, sondern mit Daten.

Aber kommen wir zurück zum eigentlichen Thema und konzentrieren wir uns auf den, zumindest in der westlichen Welt bekanntesten Mitteilungsdienst WhatsApp. Diese Applikation hat unsere Lebensgewohnheiten massgeblich verändert. (Das gilt aber auch für die Videodienste Skype, Zoom, Microsoft Teams etc.) Die Stärke dieses Produkts oder Dienstes liegt derzeit in der zahlenmässigen Verbreitung, der einfachen Bedienung und am Umstand, dass die App kostenlos ist und von den Benutzern rasch als Standard akzeptiert wurde. Es ist nicht meine Absicht, über WhatsApp zu nörgeln. Ich benutze es und werde es auch weiterhin benutzen. Ich will auch nicht die Bestrebungen verteufeln, welche die Menge an übermittelten Informationen einzuschränken versucht.

99

Neben der reellen und latenten Gefahr der gemeinsamen Nutzung von Daten, deren Missbrauch und der Verletzung der Privatsphäre wird von den Benutzern ein zunehmend «intelligentes» Produkt erwartet. Dieser letzte Aspekt wird von der Mehrheit der Kunden oft vergessen. Dank dieser «intelligenten» Plattformen haben wir längst von einem besseren digitalen Leben profitiert.

Ich sage nicht, dass es keine Gefahr gibt, ich sage nur, dass wir in der Lage sein müssen, das Thema differenziert anzugehen.

Zunächst einmal müssen wir erkennen, dass die Produkte zyklisch verbessert und die Angebote erweitert werden. Zum einen werden die gesetzlichen Bestimmungen aktualisiert, um unnötige Rechtsstreitigkeiten zu vermeiden, zum anderen machen die verbesserten Angebote eine Änderung der Bestimmungen zum Schutz der Privatsphäre notwendig.

Um profitabel zu bleiben, müssen Anbieter von Gratissoftware der Marktdynamik folgen. Mit anderen Worten: Ihre Daten werden beispielsweise zu Werbezwecken verwendet, was für den Anbieter einen indirekten finanziellen Ertrag generiert. Ausserdem werden, basierend auf diesen Daten, auch Verbesserungen angestrebt, was mit einem geringen Aufwand möglich ist und im Idealfall eine grosse Wirkung erzielen kann.

Jetzt möchte ich Ihnen eine Geschichte erzählen, eine einfache, aber wiederkehrende Geschichte: Irgendeine App wird auf den Markt gebracht, selbstverständlich kostenlos. Die Downloads folgen aufeinander und Tag für Tag steigt die Abhängigkeit von dieser Anwendung. Parallel dazu gewinnt das Produkt die Loyalität vieler Anwender, die wiederum dem Unternehmen mehrere Verbesserungsvorschläge unterbreiten. Die Ingenieure und Entwickler der Anwendung sind verpflichtet, das Produkt ständig zu verbessern und in relativ kurzen Zeiträumen Verbesserungen und Innovationen einzuführen. Auch hier schätzen die Anwender die Verbesserungen. In regelmässigen Abständen kündigt die Plattform dann Änderungen an den Regeln des Produkts an. Einige Benutzer, bestürzt über den Angriff auf ihre Privatsphäre, zeigen sich entrüstet und machten die Angelegenheit öffentlich. Die Presse nutzt die Gelegenheit, um die Stimmung auszuweiten. Dann folgt die Reaktion der Entwickler, die die Güte der Änderung zusichern oder manchmal die Einführung der neuen Regeln verzögern, um die Benutzer zu beruhigen. Die Zeit vergeht. Die Plattform bestätigt die neuen Regeln. Dieses Mal jedoch bleibt die Information fast unbemerkt. Die Benutzer akzeptieren die neuen Regeln. Schliesslich ist die Anwendung unverzichtbar. Hier ist sie - eine einfache, aber wiederkehrende Geschichte.

Wir könnten diese Situation als Déjà-vu bezeichnen, als eine zyklische Situation, die mit der psychologischen Dynamik des Nutzers nach den Regeln des Marktes, d.h., der Bedeutung von Geld und Gewinn, spielt.

Aber was können wir dann tun? Eine vollständige Isolierung von all diesen «intelligenten» Lösungen ist möglich. Wir würden aber an den Rand der Gesellschaft gedrängt und sozial isoliert. Versuchen Sie, sich einen Teenager oder eine Führungskraft vorzustellen, die ihres Smartphones, Computers usw. beraubt wurde. Kommunikation ist heute das A und O. Ohne Kommunikation wären wir niemand.

Ich habe bereits erwähnt, dass Sie verschiedene Aspekte berücksichtigen müssen. Es wird dabei klar, dass wir uns nicht von der Realität abkapseln können. Stattdessen schlage ich eine Diversifizierung, erzielt durch die Nutzung mehrerer verschiedener Plattformen, vor. Ich habe beispielsweise kürzlich alle Messaging- und Audio- und Videokommunikationsanwendungen installiert oder neu installiert (in der Regel probiere ich alles Neue aus). Ich habe mehrere Freunde oder Gruppen kontaktiert und wir haben uns auf diese oder jene App geeinigt. Im Grunde geht es um die Diversifizierung der Nutzung von Diensten.

Dabei haben wir, ohne das Konzept von «*Divide et impera!*»[17] verschärfen zu wollen, die Möglichkeit, einerseits die Macht eines einzelnen Dienstes zu begrenzen und andererseits einen besseren Wettbewerb (Marktregeln) zwischen den verschiedenen Dienstanbietern auszulösen. Es versteht sich von selbst, dass wir als Verbraucher viel

---

[17]Die Redewendung «**Divide et impera!**» (lateinisch für «Teile und herrsche!») bedeutet, dass die Teilung, Rivalität und Zwietracht der unterworfenen Völker denen nützt, die sie beherrschen wollen. Es wird Philipp dem Makedonier zugeschrieben und wurde vor allem in Anspielung auf die politischen Methoden des Hauses Österreich im 19. Jahrhundert zitiert. (Ludwig XI. von Frankreich pflegte zu sagen: «Diviser pour régner.»)

In der Informatik bezeichnet der Ausdruck eine Methodik zum Lösen von Problemen: Das Problem wird in einfachere Teilprobleme so lange unterteilt, bis leicht lösbare Probleme entstehen. Durch die Kombination der erhaltenen Lösungen wird das ursprüngliche Problem gelöst. Treccani Online-Enzyklopädie (Stand: 24.01.2021).

agiler werden müssen, als wir es heute sind. Agilität bedeutet in diesem Fall Diversifikation, das ständige Ausprobieren neuer Produkte. Der Einzelne wird wahrscheinlich nie etwas bewirken können, wohingegen es durch die Bündelung von Kräften plausibel ist, genau die Leute (Anbieter) beeinflussen zu können, die uns beeinflussen wollen. Es liegt jedoch in der Natur der Sache, dass sich die Menschen (und damit die Masse) nur ungern ändern.

Zusammenfassend lässt sich sagen, dass es nicht darum geht, dieser oder jener Anwendung «die Tür vor der Nase zuzuschlagen», sondern vielmehr darum, die Dinge selbst in die Hand zu nehmen und ihre Verwendung zu differenzieren.

Schlussfolgerung

Seit mehr als einem Jahr befinden wir uns nun in einer ungewöhnlichen Situation, die zahlreiche interessante Herausforderungen für einzelne Berufsgruppen mit sich bringt. Für viele ging es anfangs darum, aus ihrer Komfortzone herauszukommen und sich an neue Dynamiken respektive neue Prozesse zu gewöhnen und damit die Herausforderungen einmal aus einem anderen Blickwinkel zu sehen. Dies erforderte ein Umdenken im Umgang mit der virtuellen Welt. Sicherlich waren einige Berufsgruppen oder Personen schon bereit, sich den digitalen Herausforderungen zu stellen. Auch wenn wir wahrscheinlich eine Lockerung der Einschränkungen erleben werden, um den Virus zu bekämpfen und dann zur begehrten Normalität zurückzukehren, wird diese Phase zweifellos spürbare Zeichen hinterlassen, die sich vermutlich in einer veränderten Arbeitsauffassung niederschlagen werden (neue Normalität). Aber selbst dann, wenn uns in den nächsten Jahren das Problem der Pandemie begleiten sollte, wäre dies letztlich unsere neue Normalität. Mein persönlicher Wunsch ist es, nach vorne zu schauen und den Mut zur Veränderung zu haben, um unsere Erfahrungen auszuwerten und entsprechend zu verbessern oder unsere neue Normalität an die vielen Chancen anzupassen, die wir in dieser Krise erlebt haben.

Die Digitalisierung von Arbeitsprozessen hat und wird einen grossen Einfluss auf die Arbeitsdynamik und das kulturelle Verhalten für alle Personalkategorien haben. Manager, die immer noch glauben, dass nur die physische Anwesenheit am Arbeitsplatz die einzige Voraussetzung für Erfolg bzw. Kontrolle ist, sind zum Aussterben verurteilt. Man wird feststellen, dass sie nicht gut genug sind. Sie werden verschwinden oder durch Menschen ersetzt werden, die zeitgemäss agieren. Einige werden darum kämpfen, ihre Positionen zu behalten, und verlieren. Andere werden, wenn auch widerwillig, versuchen, das Beste aus der neuen Situation zu machen. Ich möchte darauf hinweisen, dass dieser Trend nicht nur die Führungskräfte, sondern auch die Mitarbeiter betreffen wird. Sie beziehungsweise wir haben die Wahl!

Bevor ich dieses Buch beende, möchte ich noch ein paar Punkte zusammenfassen, die für die weitere Diskussion sicher nützlich sind. In der Einleitung habe ich versucht, in einfachen Worten eigene wichtige Herausforderungen hinsichtlich der laufenden digitalen Transformation zu beschreiben. Speziell habe ich mich jedoch auf die Auswirkungen konzentriert, die wir als Individuen in Bezug auf die virtuelle Welt erfahren. Es ging mir nicht darum, empirische Daten zu liefern, sondern den interessierten Leser über meine persönlichen Erfahrungen zu informieren.

Der erste Teil des Buches sollte Sie dazu bringen, kritisch über unsere Umwelt und unser virtuelles Verhalten nachzudenken. Anschliessend habe ich Sie eingeladen, Ideen zu sammeln, um den Abstand zu verringern.

Der Funke, der dieses Buch entstehen liess, ist sicherlich in den verschiedenen Erfahrungen zu finden, die ich in der virtuellen Welt vor allem in und dank der Pandemiezeit gemacht habe. Positive Erfahrungen, aber auch Erfahrungen, die mich zum Nachdenken gebracht haben. Abschliessend kann ich sagen, dass diese Erfahrungen mir den Anstoss gegeben haben, meine Kenntnisse und Fähigkeiten im Umgang mit den Medien und in der Durchführung von Webinaren zu verbessern. Danach habe ich versucht, zu zeigen, wie die Rolle der Technologie unser digitales Verhalten beeinflussen kann. Aus einem positiven persönlichen Blickwinkel kann ich ehrlich sagen, dass die Pandemie den digitalen Prozess beschleunigt und mir die Möglichkeit gegeben hat, meine Fähigkeiten zu erweitern.

Die Struktur dieses ersten Teils des Buches verlief auf zwei unterschiedlichen, aber komplementären Bahnen, nämlich der Sichtweise des Referenten und der Sichtweise des Teilnehmers. Wir haben also festgestellt, dass ein Arbeitsplatz ruhig und komfortabel sein muss. Auch die vorhandene Infrastruktur spielt eine wichtige Rolle. Eine gute Infrastruktur kann Ihr Image verbessern und die Zeit, die Sie vor einer Kamera verbringen, angenehmer gestalten. Wir mussten auch beachten, dass sich die Inhalte, die von einer physischen Welt in eine virtuelle Welt übertragen werden sollen, nicht nur zeitlich, sondern auch methodisch unterscheiden. Es ist also nicht möglich, Inhalte, die üblicherweise in Anwesenheit geliefert werden, auf Inhalte zu übertragen, die virtuell und ohne jegliche Reflexion geliefert werden. Wenn der Erfolg im Detail liegt, sollte jetzt klarer und verständlicher sein, wie wichtig eine gute Regie (Organisation) ist, die unangenehme Fragen oder technische Situationen, die Ihre Arbeit (ganz) ruinieren könnten, verhindern kann. Wir müssen zur Kenntnis nehmen, dass das Auftreten in unangemessener Kleidung schaden kann. Ein Verhaltenskodex mag bei vielen Menschen nicht gut ankommen. Dennoch sind Abmachungen notwendig, um unser Verhältnis zwischen Technik, Entfernung und Menschen zu regeln. Eine gute und intelligente Interaktion

kann das Gefühl der Nähe erhöhen. Der Kommunikation-
saspekt darf nicht in den Hintergrund treten. Nicht zuletzt
ist die Fähigkeit, regelmässig über unsere Leistung in der
virtuellen Welt reflektieren zu können, von Bedeutung.

Der zweite Teil des Buches zielt darauf ab, die Reflexion
über verschiedene Themen im Zusammenhang mit der
Virtualität zu erweitern, aber auch mit kleinen Abschweifungen, die, wenn sie richtig interpretiert werden, helfen,
unser Leben online besser zu meistern. Das Ziel war es,
ein positives, kritisches Denken in Bezug auf die physische und die virtuelle Welt hervorzubringen und die Ver-
mischung der beiden Welten als Chance zur Verbesserung
zu betrachten. Es ging auch darum, Sie zu motivieren,
neue und manchmal unbekannte oder gefährliche Wege zu
gehen.

Der Einsatz digitaler Medien (Videokonferenzen, Webinare, Vorträge, Berichte usw.) muss gut durchdacht sein
und erfordert je nach Bedarf Strukturen und Verhaltensregeln, die von Zeit zu Zeit festgelegt werden. So habe ich
Stunden in Videosequenzen mit Arbeitskollegen ver-
bracht, in denen wir intensiv und effektiv an Projekten und
vertiefenden Themen gearbeitet haben. Ich habe auch die
Möglichkeiten der Videokamera genutzt, um mich mit
Kollegen und Freunden auf der ganzen Welt auf einen virtuellen Kaffee zu treffen. Ich habe an Webinaren und Un-
terrichtseinheiten teilgenommen und Vorträge verfolgt.
Natürlich lebt man nicht nur in der virtuellen Welt und -
ich muss es ehrlich sagen - der Mangel an Körperlichkeit
war manchmal zu spüren. Alles in allem bin ich nun aber
der Überzeugung, dass eine gute Mischung möglich ist
und auch viele Vorteile bringen kann.

Mein Gast, Mathias Müller, informierte uns in seinem soliden Beitrag über die Eigenheiten der Podcast-Welt. Während der langen Tage meiner Telearbeit habe ich mir angewöhnt, mindestens eine Stunde pro Tag das Haus zu verlassen und mehrere Kilometer zu laufen. Zu diesem Zeitpunkt begann ich, den Podcast als Mittel zu schätzen, um mich zu informieren oder Themen zu verfolgen, die mich interessieren. Heute kann ich sagen, dass dieses Medium ein integraler Bestandteil meiner Herangehensweise an die Technik ist. Vielleicht werde ich eines Tages auch anfangen, Inhalte zu produzieren. Alles ist möglich.

Im Folgenden habe ich einige kritische Aspekte der virtuellen Welt kurz gestreift. Ich habe versucht, aufzuzeigen, dass die Distanz, d.h., der Verlust der Körperlichkeit, reduziert werden kann. Die Verringerung der Distanz erfordert jedoch ein gewisses Mass an Einfühlungsvermögen (Empathie), Motivation und Vorbereitung. Die Technologie steht uns zur Verfügung. Die verschiedenen Instrumente und ihre Wirksamkeit sind proportional zu unserer Fähigkeit, sie zu nutzen. Die Nähe hängt von uns ab!

Ein Aspekt, der vielleicht nicht sehr «virtuell», aber wichtig ist, ist die Möglichkeit, wichtige Informationen und Nachrichten abzurufen, ohne zu viel Zeit zu verlieren. In dem kleinen Kapitel, das dem intelligenten Lesen gewidmet ist, habe ich versucht, Ihnen ein kleines Beispiel zu geben, wie wir bei der Systematik vorgehen können. Mein Rat ist, es zu versuchen!

Das letzte Kapitel sollte uns auf das Thema der Privatsphäre aufmerksam machen. Wir mussten also zur

Kenntnis nehmen, dass Freiheit ihren Preis hat. Einerseits bieten uns die Technologie und insbesondere die Digitalisierung enorme Möglichkeiten, andererseits müssen wir uns bewusst sein, dass wir einen Teil unserer Privatsphäre opfern müssen, indem wir hier und da private Daten preisgeben.

Wir leben in einer Zeit des grossen Wandels. Die Welt ist zunehmend global, schnelllebig, technisch und technologisch. Wir haben die Mittel zur Verfügung, um effizienter und effektiver zu sein. Aber wie alle Dinge hat auch dies seinen Preis. Der Preis ist die Freigabe unserer Daten. Wir leben in einem Marktkontext, in dem der Profit den Löwenanteil einnimmt. Die Logik (des Marktes) besagt, dass das Maximum an Zweck mit dem Minimum an Mitteln erreicht werden soll. Der Gedanke ist nicht von mir, sondern vom Philosophen Martin Heidegger.

Deshalb sollten wir nicht mehr schockiert sein. Die Freigabe gewisser Daten ist eine Realität, der wir uns nicht entziehen können. Ein erster Schritt könnte sein, die Nutzung der verschiedenen technologischen Möglichkeiten zu differenzieren. Als Gesellschaft ist es jedoch notwendig, die nächsten Generationen zum kohärenten und verantwortungsvollen Umgang mit den ihnen zur Verfügung stehenden Mitteln zu erziehen. «Teile und herrsche», so machiavellistisch es auch sein mag, kann auch ein Weg sein, grossen, monopolistischen und mächtigen Anbietern zu begegnen. Um die verschiedenen Unternehmen in Schach zu halten, ist anerkannt, dass der Wettbewerb sogar ein gutes Mittel ist, um den Verbrauchern mehr Vorteile zu bieten (Transparenz, Preis, Qualität etc.).

110

Diese Unternehmen verfolgen richtigerweise Marktziele mit dem Hauptzweck, Vermögen zu generieren. Solange wir Verbraucher - faul und geblendet von Angeboten - nicht wissen, wie man differenziert und neue Lösungen ausprobiert oder annimmt, werden wir ungehört bleiben, verankert in Dienstleistungen, die früher oder später als unverzichtbar angesehen werden. Ich will nicht sagen, dass es falsch ist, wirtschaftliche Ziele zu verfolgen. Im Gegenteil, wir leben in einer Welt, in der kontinuierliches Wachstum unser Leben verbessert hat. Wenn überhaupt, dann geht es darum, immer wachsam zu bleiben, denn angesichts so vieler guter Absichten gibt es auch einige nicht so gute.

Eine Lösung ist also, wie schon oft gesagt wurde, das Neue auszuprobieren, auf das Netzwerk zu hören und daraus zu lernen. Nur so können wir angemessen auf neue Herausforderungen reagieren, aber vor allem auch unsere Verhandlungsmacht erhöhen.

Diese wenigen Zeilen erheben keinen Anspruch auf Vollständigkeit. Es sind Überlegungen, die bewertet, akzeptiert, aber auch verworfen werden können. Und nicht zuletzt hoffe ich, dass diese wenigen Seiten dazu dienen können, den Leser zu motivieren, neue Wege zu gehen, sich der Chancen und Risiken bewusster zu werden, aber auch über die Möglichkeiten der digitalen und virtuellen Welt nachzudenken.

Der beste Rat ist jedoch, es zu versuchen. Was die Ängste angeht, die auch berechtigt sind, noch ein letzter Rat:
Es liegt an uns, wachsam zu bleiben.

«Das Problem ist nicht das
Problem. Das Problem ist
deine Einstellung
zum Problem.»
(Captain Jack Sparrow)

Für diejenigen, die denken,
dass Telearbeit
keine Option ist.

Danksagung

Ich danke Emerson Ramoni, Fiorenzo Pichler und Paolo Baiardi für die Motivation, die Sie mir gegeben haben, und für die Hilfe beim Verbessern des Textes. Danke auch an Christian Zingg, der mir nach einem kurzen Telefonat noch einmal die letzten Gedanken zukommen liess.

Ihr habt mir alle sehr geholfen, meine Ideen zu reorganisieren und einen Grundtext auf Italienisch zu erstellen, der dann für die deutsche Sprachversion verwendet werden konnte. Ich danke allen für ihr Vertrauen.

Ein grosses Dankeschön auch an Patrick Truffer, der die Geduld und die Ruhe hatte, den Text grammatikalisch zu korrigieren. Eine gigantische Aufgabe. Vielen Dank.

Besonders danken möchte ich auch Chantal Weibel für ihre Bereitschaft, das Vorwort zu schreiben. Ich bedanke mich für ihre Ratschläge, die es mir ermöglichten, die verschiedenen Konzepte verständlich und manchmal weniger polemisch zu gestalten. Danke schön!

Ein herzlicher Dank geht zudem an Gastautor Mathias Müller, Podcast «der stoische Pirat» für seine Bereitschaft, seine Erfahrungen im Bereich Podcasting zu teilen.

Ohne all diese Menschen wäre es nicht möglich gewesen, das Ziel zu erreichen, einen Text zu publizieren, der hoffentlich auf die breite Zustimmung der Öffentlichkeit stösst.

Wie immer wollte ich etwas Schnelles machen. Wie wir aber wissen, ist Murphy immer um die Ecke. Ich halte das Thema jedoch für so aktuell wie nie zuvor. Deshalb wollte ich mich beeilen und alle meine Ideen und Erfahrungen zu Papier bringen, selbst um den Preis einiger Fehler oder Auslassungen. Letztendlich ist der Text als Denkanstoss gedacht und nicht als Rezept, das genau befolgt werden soll.

Danke!

Anmerkungen zum Autor

Alessandro Rappazzo wurde am 2. April 1967 im Kanton Tessin (Schweiz) geboren. Er besuchte die obligatorischen Schulen in der Region und erwarb das Handelsdiplom. Zehn Jahre später schloss er seine Ausbildung mit der kaufmännischen Berufsmaturität ab. Nach einigen Jahren Erfahrung in der zivilen Logistik erwarb er sein Diplom als Eidg. Dipl. Berufsoffizier an der Militärakademie (MILAK) der Eidgenössischen Technischen Hochschule (ETH) in Zürich. Im Jahr 2003 absolvierte er erfolgreich den Captain Career Course am Army Logistics Management College in Fort Lee, Virginia USA. 2016 schloss er einen Executive MBA an der University of Applied Sciences in Chur erfolgreich ab.

Seit 1. Juni 2012 arbeitet Alessandro Rappazzo bei der Höheren Kaderausbildung der Armee (HKA) in Luzern. Er ist in der Erwachsenenbildung tätig und leitet die Krisenmanagementausbildung (zivil und militärisch) im Bereich der TRANSFER Kurse im Kommando Management-, Informations- und Kommunikationsausbildung (MIKA).

Seine Interessen liegen bei Themen rund um Leadership, Management, Digitalisierung und künstliche Intelligenz mit besonderem Blick in die Zukunft. Neben dem Lesen und Schreiben gilt sein besonderes Interesse der Philosophie.

Sie können ihn über die folgenden sozialen Medien kontaktieren:

 Alessandro Rappazzo

 @rapigram

Als Autor hat er die folgenden Bücher veröffentlicht:

Rappazzo & Eigenheer. Krisenmanagement – Ein Wegweiser. ISBN 978-3-906211-75-6. Hrsg.: Kommando MIKA, Februar 2021. Erhältlich bei: bundespublikationen.admin.ch.

Rappazzo, A. Vorsprung durch Leadership – Modernes Leadership in der Armee. Miles-Verlag. ISBN 978-3-945861-49-3. Erhältlich bei Amazon

Rappazzo, A. Mein Weg: Vorwärts.
ISBN: 9783737593779, März 2016. Taschenbuch.
ISBN: 9783737587198, Januar 2016. E-Book.
Erhältlich bei: iTunes, Amazon, ePubli

Anmerkungen zum Gastautor

Mathias Müller präsentiert sich als Psychologe, Offizier, Referent, Politiker und Autor. Er wurde 1970 in Biel/Bienne geboren. In den 1990er Jahren studierte er an der Universität Bern Arbeits- & Organisationspsychologie sowie Medienwissenschaften. Seit 2000 ist er als Berufsoffizier in der Schweizer Armee tätig. Im Jahr 2014 wurde er in das Parlament des Kantons Bern (Grossrat) gewählt. Seit 2018 präsidiert er den Schlittschuh Club Lyss (MySports League). Seine Spezialgebiete als Referent sind Diversity, Entscheiden, Leadership und Motivation. Er ist verheiratet und Vater von zwei Töchtern und einem Sohn.

Sie können Mathias Müller über die folgenden sozialen Medien kontaktieren:

 Mathias Müller

 @circumspicio

Sie können ihm auf seinem Blog folgen: www.muellermathias.ch.

117

Als Gastautor bringt Mathias Müller seine Erfahrungen, die bei der Konzeption und dem Management seines Podcasts angefallen sind, aus erster Hand ein.

Als Autor hat er die folgenden Bücher veröffentlicht:

Mathias Müller, Wie Entscheiden Sie? ISBN 978-3-03818-053 1, Weber Verlag, 2016. Erhältlich bei exlibris

In meinem Blog Opinione 67
www.rappazzo.org
finden Sie weitere interessante Themen über
Leadership und Management.
Über einen Besuch würde ich mich freuen.

www.ingramcontent.com/pod-product-compliance
Lightning Source LLC
Chambersburg PA
CBHW021831170526
45157CB00007B/2770